马立平课程

MLP Chinese

中 文

Grade 2
二 年 级

编写 马立平

审定 庄 因

插图 吕 莎

书　名　MLP Chinese (Grade 2)

编　者　马立平

审　定　庄　因

出版人　夏建丰

插　图　吕　莎

网　址　www.mlpchinese.com

版　次　1994 年 3 月第 1 版
　　　　2019 年 3 月第 18 版　　2019 年 3 月第 1 次印刷

印　刷　上海丽佳制版印刷有限公司

书　号　ISBN 978-1-940666-02-0

9 781940 666020

目录

第一单元

第二单元

第三单元

编辑说明

斯坦福大学教育学院课程设计博士 马立平

近年来，海外的中文学校发展迅速，其教材多来自国内。可是，由于海外生活环境和国内不同，海外学生的文化背景、学习方式以及学习条件也和国内不同，所以在国内编写的教材，往往不敷他们的实际需要。在此，我们把这套在美国研发、经二十多年来多轮教学实验磨砺后定稿的"海外本土化"中文教材献给大家。

这套中文教材适用对象为来自华语家庭的儿童。目前，教材包括 11 个年级（K 至 9 年级以及 AP）的课本，每个年级学习 3 个单元，配有相应的单双周练习本、暑假作业本和网络作业，可供周末中文学校使用十一年，也支持 After School 的中文教学。同时，K 至 5 年级课本配有学生用的生字卡片，K 至 9 年级课本配有可供选购的教师用词汇卡片。

多年来的实践经验证明，通过循序渐进地学习全套教材，学生们能够具备中文听、说、读、写的基本能力，能够在美国 College Board 的中文 SAT II 和 AP 考试中取得优异的成绩，并且能够顺利地通过中国国家汉办举办的 HSK 四级以上的汉语水平考试。

中华民族创造了自己的文字，也创造了学习这一文字的行之有效的方法。我们这套教材将中国语文教学的传统和现代语文教学的研究成果紧密结合。现将编辑要点说明如下：

一、拼音和汉字的关系——直接认字，后学拼音

为了先入为主地发展学生识别汉字的能力，我们在开始阶段不用拼音或注音符号，而是通过韵文直接进行汉字教学。在学了 700 个常用汉字以后，再引入汉语拼音。

语音教学由课堂教学和网络作业共同分担，成功地避免了海外学生常见的依赖拼音的弊病。

二、认字和写字的关系——先认后写，多认少写

海外少年儿童学习中文的时间十分有限。我们采用先认后写、多认少写的原则。

本教材通过各种途径，帮助学生熟练认读 2000 个左右的常用汉字，熟练书写 500 个左右的最常用汉字。以此为基础，学生能够依靠中文顺利地学习我们高年级的文化读本《中华文化之窗》和《中华文化巡礼》；也能够用中文进行基本的书面交流。

三、精读和泛读的关系——课文和阅读材料并重

考虑到海外语言环境的特点，教材采用了课文和阅读材料相互交织的结构，每篇课文都配有阅读材料数篇，纳入正式教学。这些阅读材料以中国历史故事和寓言为主要题材，用学生已经学过的汉字撰写。仅在 1 至 4 年级，就有和课文相配合的阅读材料四百来篇。

四、阅读和写作的关系——先读后写，水到渠成

语汇是写作的基础。1 至 4 年级以认字教学为主，让学生掌握大量的汉字和语汇。五年级以大篇幅的阅读巩固认字量并且引导学写段落。6、7 年级完成系统的写作教学。完成写作教学之后，学生的写作能力已经超过 AP Chinese 所要求的水平。

五、素材选择和改写的依据——求知欲、成就感、常用字先行和高频率复现

本教材中课文和阅读材料的素材来源很广，包括了大陆和台湾本土使用的各种小学课本、两岸为海外儿童编写的各种华语教材、各种中文儿童课外读物、甚至口头流传的民间故事和谜语等等。选材的依据，一是根据海外华裔儿童的兴趣和求知欲，二是注重培养学生学习中文的成就感。素材经改写后自成一个完整的中文教学体系，常用字先行，并且高频率复现。前后呼应，环环相扣。

六、重视中华文化，摈弃政治色彩

教材以海外华裔儿童的成长发展为其唯一关怀。海外的炎黄子孙，无论来自大陆、台湾，还是其他国家和地区，文化上都是同宗同源；相信七十年的两岸分隔，绝无损于五千年中华文化的源远流长。

七、汉字结构的教学

汉字的笔画、笔形、笔顺和部首是掌握汉字结构的重要手段，然而在日常生活中，笔画和部首的名称却往往是约定俗成，没有绝对统一的标准。

在本教材中：

笔画名称参照了《现代汉语词典》和《汉语》教材中的汉字笔画表，以及汉典。

笔顺介绍参照了 Cheng & Tsui Company 的《Practical Chinese Reader I & II: Writing Workbook》。

部首名称及英文翻译，参照了 Harvard University Press 出版的《Mathews' Chinese English Dictionary》和安子介先生的《解开汉字之迷》。

另外，我们使用了"表意部首（Meaning clue）"和"表音部首（Sound clue）"的概念，仅仅是为了帮助学生认记汉字，无意在汉字学上标新立异。

八、繁体字章节用字的选定

教材繁体字章节的用字，参照了《国语日报字典》、修订版《华语》、《儿童华语课本》来选定，最后由斯坦福大学亚洲语言系庄因教授审定。

九、多媒体网络作业的使用

和课文配套的多媒体网络作业，可在计算机和 iPad 上使用。在课本的封面上，可以找到相应的注册码。每周有四次作业，每次作业设计量为 20 分钟左右。每次完成作业后，会出现该次作业的"密码"，由学生登记到作业本上，交给老师核实。

十、暑假作业

为了使学生的中文学习不致在漫长的暑假里中断，本教材为各年级设计了暑假作业（每年八周，每周四次），同时提供相应的网络作业。一年级暑假作业的部分文字材料在课本里。建议各校在秋季开学时，对学生暑假作业的完成情况进行检查。

这套教材是我和夏建丰先生合力编写，其间得到许多人的支持和帮助。资深儿童画家陈毅先生、吕莎女士和邬美珍女士为教材配画了精美的插图。罗培嘉老师为作业设计了阅读检查办法。我们在此一并表示深切感谢。

马立平中文课程

全套教材 使用说明

马立平中文课程在美国经过了二十多年的中文教学研究和实践，形成了一套针对海外华裔学习中文行之有效的方法，帮助海外华裔青少年在学习中文和了解中国文化中，能够学有所成。

课程服务对象以及教学成果

马立平中文课程的服务对象主要是海外华裔青少年。其主体教学内容，可供海外周末中文学校使用；结合课后阅读以及教辅材料，也可供非周末的 After School 中文学校选用。

多年来的实践经验证明，通过循序渐进地学习马立平中文课程，学生们能够具备中文听、说、读、写的基本能力，能够在美国 College Board 的中文 SAT II 和 AP 考试中取得优异的成绩，并且能够顺利地通过中国国家汉办举办的 HSK 四级以上的汉语水平考试。

全套课程的设计结构

马立平中文课程设计了十一个年级的教学内容，分为三个主要阶段展开：

1）认字和阅读（学前班到四年级）；

2）作文和阅读（五到七年级）；

3）中华文化和 AP 考试（八到十年级）。

每个年级分册分为三个单元，按照每个单元八次授新课、一次总复习和一次考试的教学量进行设计，对应着十周的教学时间。具体教学建议，请参见各个年级分册的使用说明。

全套教材的设计结构，以及各个阶段的特点，请参见图1。

图1中每个年级包括三个单元，占据三格。

实线示意预计的学习困难程度，坡度越"陡"，表示学生可能感到难度越大；坡度越"缓"，难度越小（如学前班和一年级第一、二单元难度最低，二年级难度最大）。实线下的文字，表示该阶段的主要学习内容。

虚线示意认字数量增长的速度（一至四年级快，之后明显减缓）。

图1：马立平中文课程 全套教材设计结构

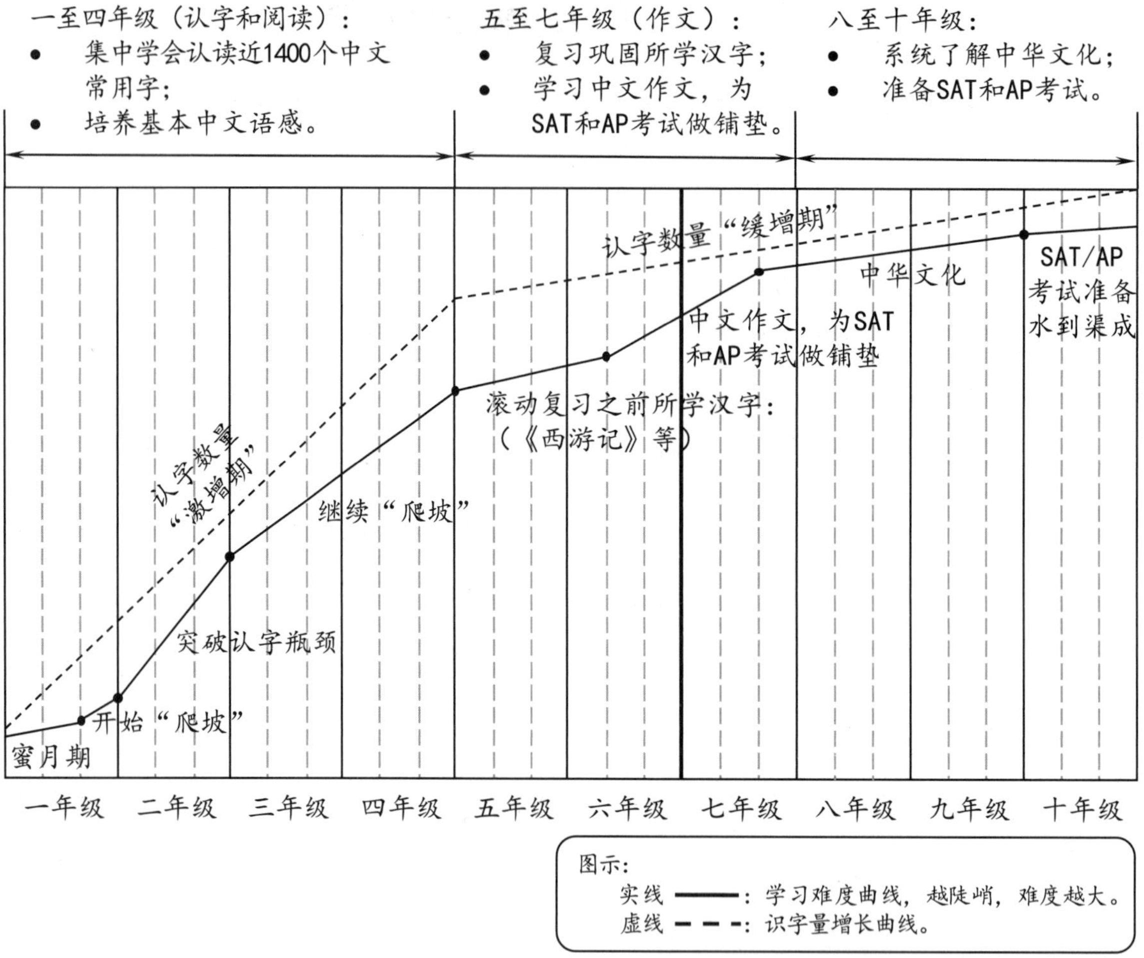

一至四年级（认字和阅读）：
- 集中学会认读近1400个中文常用字；
- 培养基本中文语感。

五至七年级（作文）：
- 复习巩固所学汉字；
- 学习中文作文，为SAT和AP考试做铺垫。

八至十年级：
- 系统了解中华文化；
- 准备SAT和AP考试。

认字数量"缓增期"

SAT/AP考试准备水到渠成

中华文化

中文作文，为SAT和AP考试做铺垫

滚动复习之前所学汉字：（《西游记》等）

认字数量"激增期"

继续"爬坡"

突破认字瓶颈

开始"爬坡"

蜜月期

一年级　二年级　三年级　四年级　五年级　六年级　七年级　八年级　九年级　十年级

图示：
实线 ——：学习难度曲线，越陡峭，难度越大。
虚线 ------：识字量增长曲线。

教学十六字诀

- **趣味引入**：教授新课前，先要设法引起学生对课文的兴趣，调动起积极学习的情绪；
- **精讲多练**：切忌"满堂灌"，老师要讲得恰到好处，尽量留出课堂时间给学生练习；
- **重点突出**：认识字词和发展语感是一至四年级段的教学重点，教学中请务必注意；
- **难点分散**：教学中要把难点分散，老师要作好相应铺垫和支持，带领学生克服难点。

需要家长关注的"三要三不要"

- 要从小培养孩子独立认真做中文作业的好习惯，**不要**纵容心不在焉的作业习惯；
- 要尽量多和孩子说中文，尽量创造中文环境，**不要**以为把孩子送了周末中文学校，他们的中文学习就万事大吉了；
- 遇到困难时，要鼓励孩子发扬"不放弃"精神，家长的态度**不要**"过硬"或"过软"。

马立平中文课程

二年级教材 使用说明

马立平中文课程的二年级教材是以课本为核心而相互配合的一个整体，其中包含：

1）课本：一本。

2）练习册：三本，分别为单周、双周和暑假练习册。

3）生字卡片：一套，包括黄色、蓝色、绿色三种字卡独立成册，白色字卡附在练习册中。

4）网络作业的注册帐号：一个，印在课本封面上。

二年级分册课本共分三个单元，每个单元通常包括五部分内容：

1）基础内容：课文、生字表以及词汇表；

2）认识汉字：表意部首和表音部首，帮助学生认识和理解汉字的结构；

3）语法点：课文中出现的一些常用字词的用法以及中文基本语法；

4）课后阅读：每周的教学，提供三到四篇课后阅读材料，都是用学生已经学过的字编写（极少数未学过的字，行文旁边都有图解）。阅读材料的内容和编写形式，经过了二十多年反复的实验、反馈、研究和修订，每个细节的定稿都是严肃的教育研究以及实践成果的体现，适合海外学习中文的儿童。除了中文教学之外，阅读材料也把激发思考、培养品格等教育要素融合进去；

5）课堂习字（仅在第一单元）。在每个单元后面附有总复习表。

教学进度安排建议

通常，在周末中文学校中，每个单元可以用十次周末的教学时间完成：

八次授新课，一次复习，一次考试。每个周末，教学时间可以为一个半小时到二小时。

After School 的中文学校，可以把基础内容和课后阅读相结合，每个单元分成八周授新课，一周复习和考试。每一周可用四天授新课，一天复习；每天的教学时间可为一小时。

课本内容和教学进度分配的对应关系，参见表1、表2和表3。

表1：第一单元和教学进度分配的对应关系

第一单元	课文	课后阅读			
第1周	一、捞月亮	小蝌蚪找妈妈（上、中、下）			
第2周		下雨的时候	两只袜子	风筝	一二三
第3周	二、白菜的故事	帽子的故事（上、中、下）			数一数
第4周		拔玉米	毛毛数牛	小白兔	
第5周	三、小猫钓鱼	猴子和桃子	到太阳上去	大和小	
第6周		拔萝卜（上、下）		小胖追蜻蜓	
第7周	四、狐狸和乌鸦	井底的青蛙	送给妈妈的花	不倒翁	
第8周		葡萄是酸的	比爸爸多一根骨头	扔石子	雪娃娃
第9周	总复习				
第10周	考试				

表2：第二单元和教学进度分配的对应关系

第二单元	课文	课后阅读			
第1周	一、一粒种子	狐狸和乌鸦的第二个故事	它们是怎样睡觉的	春风吹	月儿弯弯
第2周		狐狸和乌鸦的第三个故事	还是人有办法	猜谜语	
第3周	二、谜语	萝卜回来了（上、下）			
第4周	三、美丽的公鸡	小青蛙的心事	皮球升上来了	风筝	比尾巴
第5周		整天唱歌的蝈蝈	大鱼和小鱼	我家两只鸡	
第6周	四、埋蛇的孩子	桃子哪里去了	等明天	小兔快回家	
第7周	五、骆驼和羊	谢谢您，云伯伯	动物饼干	两只羊	
第8周		害人害自己	谁的脚最好	铅笔	春天来了
第9周	总复习				
第10周	考试				

表3：第三单元和教学进度分配的对应关系

第三单元	课文	课后阅读			
第1周	一、小弟和小猫	小雨点和小鱼	等兔子的人	妈妈您别说我小	
第2周		小猪变干净了	聪明的公鸡	风	小公鸡
第3周	二、小壁虎借尾巴	猫头鹰搬家	狮子和老鼠	对歌	
第4周		借耳朵（上、下）		小蚂蚁真有趣	
第5周	三、植物妈妈有办法	动物过冬（上、下）		种西瓜	
第6周		要下雨了	爷爷胆小	比耳朵	
第7周	四、铁棒磨成针	醒来了	吃苹果	我要自己飞	
第8周		老鼠偷蛋	从墙里"跑"来的光	小蘑菇	屋后的地
第9周	总复习				
第10周	考试				

难度以及关键点分析

二年级是本套教材中难度增大的第一个年级。学生升入二年级之后，会面临着两方面的挑战：

1）学习内容增加，形式发生变化：既要保持学习新字的进度，又要尽可能多地巩固之前学过的字，认字遇到了瓶颈；课文和阅读材料以更多的文章形式出现，篇幅也在增长；增加了语法点，汉字的偏旁部首总结表也明显增长；

2）心理因素：由于学生从一年级入门教育，进入了正常的中文学习，学生会产生一定的心理压力，开始不容易适应；同时由于上述内容方面的变化，一年级学得不扎实的学生容易因此产生畏难情绪。

二年级的中文学习是一个明显的"坎"。需要老师和家长共同努力，帮助学生迈过这个"坎"。学生顺利经历了突破认字瓶颈的过程以及克服了心理上的不适，接下来三、四年级的难度就减缓了。

除了课文学习之外，下面的内容也是学习的关键点：

1）阅读材料

如前所述，阅读材料也是精心设计并且反复经过实践的，都是用学生已经学过的字编写（极少数未学过的字），因此，鼓励学生试着自己阅读，是完全可行的，也是帮助学生迈过这个"坎"的关键方法之一。可以让学生用手或者纸盖住下面的段落，看一段，读一段，减低视觉造成的压力。也可以在班级里分组轮流朗读，或者在家里和家长轮流朗读。总之，要让学生学会自行朗读课文以外的文字材料。

能自如地朗读阅读材料，是学习过关的主要标志。

2）网络作业

请家长协助学生建立网络作业账号。认真完成网络作业，是有效学习的重要手段。

3）暑假作业以及练习册

在三年级第一单元学生将学习汉语拼音。为了帮助学生过好拼音学习关，我们设计了预习拼音的暑假作业。所以，三年级学年开始前，请务必督促学生认真完成暑假作业。

写字的规范性：

1）字形好看；　　2）大小一样；　　3）横平竖直；　　4）清洁干净。

马立平课程

中　文

二年级

第一单元

编写　马立平

审定　庄　因

插图　吕　莎

课　文
第一周

一、捞月亮

　　一天夜晚，有只小猴子在井边玩。他*往井里一看，里面有个月亮。小猴子急得叫起来："糟啦，糟啦，月亮掉在井里啦！"

　　大猴子听见了，跑来一看，连忙跟着叫起来："糟啦，糟啦，月亮掉在井里啦！"

　　老猴子听见了，跑来一看，也跟着叫起来："糟啦，糟啦，月亮掉在井里啦！"

　　一群猴子听见了，跑来一看，都跟着叫起来："糟啦，糟啦，月亮掉在井里啦！快把它捞上来！"

* 此处的"他"是拟人化称呼。为了降低阅读难度，便于海外华人儿童的理解，我们在课文和阅读材料中一般采用拟人化处理。此后不再特别标注。

　　井边有棵大树。老猴子倒挂在树上，拉住大猴子的脚。大猴子也倒挂着，拉住另一只猴子的脚。一只一只猴子接起来，越接越长，一直接到井里头。小猴子挂在最下边。

　　小猴子伸手去捞月亮。手刚碰到水，月亮就不见了。

　　老猴子一抬头，看见月亮还在天上。老猴子喘着气说："不用捞了，不用捞了，月亮好好地挂在天上呢！"

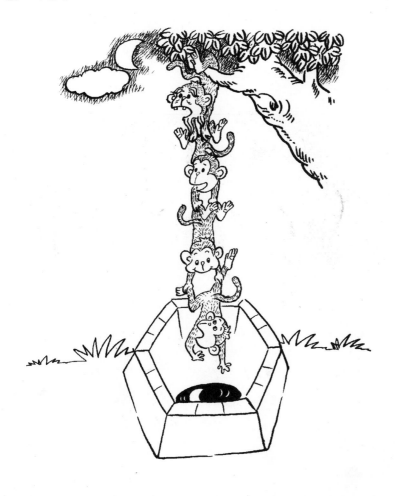

生 字 第一周 　捞 夜 晚 井 急 得 叫 糟 连 忙 跟 老 快

第二周 　倒 拉 住 另 接 越 <u>长</u>* 直 最 伸 刚 碰 抬 喘 用

词 汇 第一周

捞月亮	夜晚	井边	急得	叫起来

糟啦　　　连忙　　　跟着　　　老猴子　　　快

第二周　倒挂　拉住　另一只　接起来　越接越长　一直

最下边　伸手　刚　碰到　一抬头　看见　喘着气　不用

表意部首
（Meaning Clue）
第一周

米 ： 米字旁 [rice]　　糟

冖 ： 秃宝盖 [cover]　　亮

心 ： 急 | 想 怎

犭 ： 猴 | 狗 猫

彳 ： 得 | 很 往

辶 ： 连 | 还 边 这 追 过 远 近 道 进

忄 ： 忙 快 | 慢 怪

𧾷 ： 跟 | 蹦 跳 跑 路

第二周

石 ： 石字旁 [stone]　　碰

扌 ： 捞 拉 接 抬 | 摘 扔 抱 找 把 换 掉 挂

走 ： 越 | 起

亻 ： 倒 住 伸 | 候 作 低 信 们 你 他 件 做

刂 ： 刚 倒 | 到

口 ： 叫 喘 | 啊 喝 吹 吃 呢 啦 咦 嘴 叶 听

表音部首
（Sound Clue）

艮 ： 跟 很 眼

---

* 此处的"长"字为多音字。课文生字中的多音字下有双划线，本书此后不再重复说明。

竖心旁
忄 忄 忄

一 ナ 左 在　　二 于 井　　彳 行 往 往
在 在 在　　井 井 井　　往 往 往

早 呈 趵 跑　　一 亠 平 来　　口 叫 叫
跑 跑 跑　　来 来 来　　叫 叫 叫

　　　忄 忄 忙 快　　口 听 听 听
　　　快 快 快　　听 听 听

秃宝盖
宀 宀 宀

木 权 树　　扌 扩 拉　　亻 仁 住 住
树 树 树　　拉 拉 拉　　住 住 住

十 市 直　　丿 几 月　　亠 言 亮 亮
直 直 直　　月 月 月　　亮 亮 亮

　　　冂 月 用　　扌 挂 挂
　　　用 用 用　　挂 挂 挂

语法点
第一周

- **"一 + verb"**

  他往井里**一看**，里面有个月亮。

  大猴子听见了，跑来**一看**，连忙跟着叫起来。

  我**一听**，是妈妈在叫我。

  你**一说**，我就知道了。

  爸爸**一喝**，（　　　　　　　　　）。

  胖胖**一哭**，（　　　　　　　　　）。

  小朋友**一笑**，（　　　　　　　　　）。

  风**一吹**，（　　　　　　　　　　）。

- **"adjective + 得"** 和 **"verb + 得"**

  小猴子看见井里有个月亮，**急得**叫起来。

  小猴子**说得**不对，井里的不是月亮！

  小兔子**跑得**很快，小乌龟**爬得**很慢。

  袋鼠妈妈到处找不到小袋鼠，**急得**（　　　　　　）。

  小朋友想出了好办法，**高兴得**（　　　　　　）。

  小蝌蚪在水里**游得**（　　　　　　　　）。

  冬天，我们在雪地上**玩得**（　　　　　　）。

- **"晚"字的用法**

  "晚" as "evening":

  一天**夜晚**，有只小猴子在井边玩。

  每天**晚上**，我都早早地睡觉。

  "晚" as "late":

  早上我起来**晚了**，吃了饭就急忙去上学。

  谁**来得最晚**？

- **"越 + verb + 越"和"越来越"**

  一只一只猴子接起来，**越接越**长。

  雨**越下越**大，怎么办呢？

  他们**越玩越**高兴，都不想回家了。

  亮亮**越走越**（　　　　　）。

  阿姨**越说越**（　　　　　）。

  我**越来越**爱我的妈妈了。

  我长大了，**越来越**会自己一个人玩了。

  秋天来了，天气**越来越**凉。

  小猴子**越来越**（　　　　　）。

  叔叔**越来越**（　　　　　）。

- **"刚……就……"**

  小猴子伸手去捞月亮。手**刚**碰到水，月亮**就**不见了。

  树叶**刚**落下来，小虫**就**爬过来了。

  我**刚**走近小鸟，它**就**飞走了。

  太阳**刚**落下去，月亮**就**（　　　　　）了。

  你**刚**（　　　），我**就**（　　　　　）。

- **"住"字的用法**

  住 as "to live, to reside at":

  他家**住**在山上，你家**住**在山上，小猴子**住**在树林里。

  住 as "stop":

  住手　　　　　**住**口

  住 as "to indicate that an action is successful":

  拉**住**　　　　接**住**　　　　拿**住**　　　　抱**住**

小蝌蚪找妈妈（上）

有一群小蝌蚪，大大的脑袋，黑黑的身子，细细的尾巴，在河里游来游去。

他们看见小鸭子跟着鸭妈妈在水里玩，就游上前去叫着："鸭妈妈，鸭妈妈，我们想找我们的妈妈！"鸭妈妈说："你们的妈妈有大大的嘴巴，你们到前面去找吧。"

小蝌蚪往前游啊游，有一条鱼从他们身边游过。小蝌蚪看见鱼有大大的嘴巴，就高声叫起来："妈妈！妈妈！"

鱼笑笑说："我不是你们的妈妈，我是小鱼的妈妈。你们的妈妈有白白的**肚子**，你们到前面去找吧。"

认一认
肚子

小蝌蚪找妈妈（中）

小蝌蚪往前游啊游，过了几天，长出了两条后腿。一只**白鹅**游过来，小蝌蚪连忙大声叫："妈妈！妈妈！"**白鹅**笑笑说："我不是你们的妈妈，我是小鹅的妈妈。你们的妈妈有四条腿，你们到前面去找吧。"

认一认
白鹅

小蝌蚪往前游啊游，过了几天，又长出了两条前腿。他们看见一只**乌龟**在前面游。小蝌蚪连忙追上前去叫着："妈妈！妈妈！"**乌龟**笑笑说："我不是你们的妈妈，我是小乌龟的妈妈。你们妈妈的衣服是绿色的，头顶上还有两只大眼睛，你们到前面去找吧。"

认一认
乌龟

小蝌蚪找妈妈（下）

　　小蝌蚪到处游啊游，过了几天，尾巴变小了。他们看见前面有一只大青蛙，大大的嘴巴，绿色的衣服，雪白的肚子，头顶上还有两只大眼睛。小蝌蚪连忙游过去叫着："妈妈！妈妈！"

认一认

孩

　　青蛙妈妈低下头一看，笑着说："好**孩**子，你们长成小青蛙了，快到妈妈这里来吧！"听了妈妈的话，小青蛙往上一蹦，蹦到大青蛙身边。他们高兴地叫着："我们找到妈妈了！我们找到妈妈了！"

下雨的时候

　　小白兔在草地上玩。她蹦蹦跳跳，玩得真高兴。

　　忽然，吹起了大风，很快又下起雨来。雨越下越大，小白兔伸手摘了一片大叶子，顶在头上当作雨伞。

　　小白兔顶着叶子往前走，看见一只小猫在大雨里跑。小白兔连忙叫起来："小猫，小猫，快到叶子底下来！"

　　小猫听见叫声，跑过来，躲到叶子底下。她喘着气说："谢谢你，小白兔！"

　　小白兔和小猫顶着叶子，刚想往前走，又看见一只小鸡在大雨里跑。小白兔和小猫一起叫着："小鸡，小鸡，快到叶子底下来！"

　　小鸡听见叫声，跑过来，也躲到了叶子底下。他喘着气说："谢谢你们！"

　　小白兔，小猫和小鸡，三个好朋友一起顶着大叶子，回家去了。

课后阅读
第二周（2）

认一认
袜

两只袜子

亮亮跟妈妈出去玩。一出门，妈妈看见亮亮脚上的袜子一只是红的，另一只是黄的。妈妈就对亮亮说："亮亮，你看你脚上的袜子，一只是红的，另一只是黄的，快回去换换！"

亮亮回到家里，找到另外两只袜子，对妈妈说："不用换了，妈妈。家里的袜子也是一只红的，一只黄的！"

风　筝

天蓝蓝，蓝蓝天，
蓝蓝天上飞只燕，
燕儿飞，飞不远，
身上长着一条线。

认一认
筝

一、二、三

一二三，爬上山，
四五六，拉头牛，
七八九，玩只球，
伸出两只手，
十个小朋友。

认一认
球

二、白菜的故事

老山羊在地里收白菜，小白兔和小灰兔来帮忙。

收完白菜，老山羊把一车白菜送给小灰兔。小灰兔收下了白菜，说："谢谢您！"

老山羊又把一车白菜送给小白兔。小白兔说："山羊伯伯，我不要白菜，请您送我一包菜子*好吗？"老山羊就送给小白兔一包菜子。

小白兔回到家里，把土翻松了，种上菜子。几天以后，白菜长出来了。

小白兔常常给白菜浇水，拔草，捉虫。白菜长啊长啊，很快长大了。

---

*根据《现代汉语词典》，"菜子"同"菜籽"。因为"籽"不常用，故用"子"。

小灰兔回到家里，什么事也不做。她饿了，就吃老山羊送的白菜。过了一些日子，白菜吃完了，家里没有吃的了。小灰兔想，我再去老山羊那里要一点白菜吧。

小灰兔来到老山羊家，看见小白兔挑着一担白菜，给老山羊送来。小灰兔很奇怪，问道："咦，小白兔，你的白菜是哪里来的？"

小白兔说："是我自己种的。只有自己种，才能有吃不完的白菜。"

生 字

第三周

故 灰 帮 完 车 送 给 您 伯 包 吗 翻 松 以 浇 拔 捉

第四周

什 饿 些 再 没 点 吧 挑 <u>担</u> 问 哪 自 己 才 能

词 汇

第三周

故事　老山羊　收白菜　小灰兔　帮忙　收完　一车

送给　收下　伯伯　不要　请您　一包　菜子　好吗

翻松　以后　长出来　常常　浇水　拔草　捉虫　很快

第四周

什么　不做　饿了　一些　日子　没有　再去　那里　一点

吧　挑着　一担　奇怪　问道　咦　哪里　只有　自己　才能

表意部首
（Meaning Clue）

第三周

饣：食字旁 [food]　　饿

勹：包字头 [wrap]　　包

攵：故 | 放 收

宀：完 | 它 家

辶：送 | 这 近 远 还 进 边 道 过 连 追

纟：给 | 红 绿 线 细

心：您 | 急 想 怎

第四周

扌：拔 捉 挑 担 | 捞 拉 接 抬 摘 扔 抱 找 把 换 掉

氵：浇 没 | 满 渴 法 沟 河 游

亻：伯 什 | 倒 住 伸 你 他 作 件 做 低 信 们 候

口：吗 吧 哪 | 叫 喘 啊 喝 吹 吃 呢 啦 咦 嘴 叶 听

表音部首
（Sound Clue）

包：抱 跑

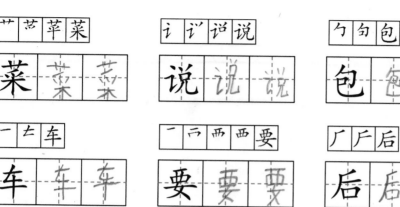

| 艹 艹 苹 菜 | 讠 讧 说 说 | 勹 匀 包 |
| 菜 | 说 | 包 |

| 一
 车 | 一 一 西 西 要 | 厂 厂 后 |
| 车 | 要 | 后 |

| | ′ 白 的 的 | 二 千 禾 和 |
| | 的 | 和 |

| 宀 宁 宇 家 家 | 氵 沪 没 | 亻 什 |
| 家 | 没 | 什 |

| ノ 么 | ′ 门 自 | フ コ 己 |
| 么 | 自 | 己 |

| | ⺌ 兰 关 送 | 门 门 问 |
| | 送 | 问 |

语法点
第三周

- **"把"字的用法**

  阿姨**把**玉米种到地里，叔叔**把**花生种到地里，小猫**把**小鱼种到地里。

  老山羊**把**一车白菜送给小灰兔。

  小白兔**把**土翻松了，种上菜子。

  小猴子**把**西瓜（　　　　　　　）。

  乌鸦**把**小石子（　　　　　　　）。

- **"了"字的用法**

  小灰兔收下**了**白菜，说："谢谢您！"

  老山羊就送给**了**小白兔一包菜子。

  夜晚，我睡着**了**，爸爸也睡着**了**。

  春天来（　　　），燕子飞回来（　　　　　　）。

  下雨（　　　），小虫躲到树叶底下去（　　　　　）。

- **"以前"和"以后"**

  几天**以前**，小白兔把菜子种到地里。

  几天**以后**，白菜长出来了。

  以前，我不知道小蝌蚪是怎么变成青蛙的。

  长大**以后**，我要到月亮上去。

  秋天到来**以前**，（　　　　　　　）。

  他哭了**以后**，（　　　　　　　）。

● **"哪"和"那"**

小灰兔**那**里的白菜吃完了。

"咦，小白兔，你的白菜是**哪**里来的？"

填"**哪**"或"**那**"：

小黑猫跑到（　　）里去了？小黑猫在（　　）里呢！

你的家在（　　）边？我的家在（　　）边！

● **"在"和"再"**

老山羊**在**地里收白菜，小白兔和小灰兔来帮忙。

小灰兔想，我**再**去老山羊那里要一点白菜吧！

填"**在**"或"**再**"：

我（　　）你家玩得真高兴，谢谢你，（　　）见！

小鸟（　　）树上睡觉，小朋友（　　）屋子里睡觉。

小猫（　　）也不想种鱼了。

● **"只有……才能……"**

只有自己种，**才能**有吃不完的白菜。

乌鸦**只有**自己想办法，**才能**喝到瓶子里的水。

只有小蝌蚪**才能**变成小青蛙。

只有在冬天，我们**才能**（　　　　）。

只有小蚂蚁**才能**（　　　　）。

认一认

帽

认一认

大象

认一认

弟

帽子的故事（上）

胖胖在树林里玩。大风吹来，把他的**帽**子吹走了。**帽**子飞啊飞啊，一直飞到了树林里最高最高的树顶上。

"**帽**子！**帽**子！我的**帽**子！"胖胖急得哭起来。

大象走过来，说："小**弟弟**，不要哭，不要哭。我有长长的鼻子，我来帮你拿**帽**子。"

大象伸起了长长的鼻子。可是，树很高，**大象**也拿不着**帽**子。

"**帽**子！**帽**子！我的**帽**子！"胖胖又急得哭起来。

帽子的故事（中）

长颈鹿走过来，说："小弟弟，不要哭，不要哭。我有长长的**脖子**，我帮你拿帽子。"

长颈鹿伸起了长长的**脖子**。可是，树很高，**长颈鹿**也拿不到帽子。

"帽子！帽子！我的帽子！"胖胖又急得哭起来。

一只小猴子听见了胖胖的哭声。他蹦蹦跳跳地跑过来，说："小弟弟，不要哭，不要哭。我来帮你的忙。"

胖胖看了看小猴子，又哭起来："你没有长长的鼻子，也没有长长的**脖子**，怎么帮我拿帽子呢？"

认一认
长颈鹿

认一认
脖子

帽子的故事（下）

小猴子笑笑说："可是，我会爬树啊！"说着，他就跳到了树上。小猴子爬呀爬呀，越爬越高，一直爬到了最高的树顶上。小猴子拿到了胖胖的帽子，爬下来，把帽子给了胖胖。

胖胖拿着帽子，笑了。他连忙说："谢谢你，小猴子！也谢谢你们，大象和长颈鹿！"

认一认
数

认一认
虎

认一认
猪

数 一 数

山上一只**虎**，

林中两只兔，

家里三只**猪**，

路边四只**鼠**。

虎跑，兔跳，

猪走，**鼠**叫，

请来**数**一**数**。

拔 玉 米

有个人很爱吃玉米。春天来了，他翻松了地，种了一大片玉米。他常常跑去玉米地里，给玉米浇水，拔草，捉虫。可是，玉米长得真慢啊！他想，用什么办法，玉米才能长得快一些呢？

他想啊想啊，想出了一个办法。他走到地里，把玉米一棵一棵地都往上拔高了一点，就高高兴兴地回家了。

小朋友，你们说，他想的办法好不好？他拔高了的玉米，真的会长得快吗？

毛毛数牛

有个小朋友叫毛毛。一天，他和他的一群牛在路上走。毛毛一边走一边数："一、二、三、四、五、六、七。"

走啊走啊，毛毛跳上了一头牛。他坐在牛身上，又数着："一、二、三、四、五、六。糟啦，少了一头。"

毛毛急了，连忙跳下来，他再数："一、二、三、四、五、六、七。咦，还是七头。"

他又跳上牛，数着："一、二、三、四、五、六。糟啦，又少了一头。"

毛毛的牛到底有几头？他怎么数来数去数不对？小朋友，你们知道吗？

小白兔（一）

耳朵长，尾巴小，

红红的眼睛白白的毛，

走起路来蹦蹦跳，

青菜萝卜吃个饱。

认一认

饱

小白兔（二）

我来说个故事，

故事里有只兔子，

兔子跑了，故事完了。

三、小猫钓鱼

早晨，太阳刚从东方升起，猫弟弟跟着猫哥哥去钓鱼。

他们来到一条小河边，猫哥哥对猫弟弟说："钓鱼的时候，要静静地等着，不能说话，也不能跑开。"

猫哥哥和猫弟弟一起坐下来钓鱼。一只蜻蜓飞来了，猫弟弟想和蜻蜓玩，就放下钓鱼竿，跑去捉蜻蜓。蜻蜓很快飞走了，他追不上，只好回到河边。这时候，猫哥哥已经钓到了一条大鱼。

猫弟弟刚坐下，一只蝴蝶飞来了。蝴蝶多漂亮啊！猫弟弟又跑去捉蝴蝶。但是，蝴蝶也飞走了。猫弟弟回到河边，看到哥哥又钓到了一条鱼。

猫弟弟说："唉，我为什么连一条小鱼也没有钓到呢？"猫哥哥说："钓鱼要专心，你一会儿捉蜻蜓，一会儿捉蝴蝶，怎么能钓到鱼呢？"

猫弟弟听了哥哥的话，就坐下来专心钓鱼。蜻蜓又飞来了，蝴蝶也飞来了。它们在小猫眼前飞来飞去，停在小猫的钓鱼竿上。可是，猫弟弟好像什么也没有看见，还是坐着钓鱼，一步也没走开。

不一会儿，钓鱼竿动起来啦。猫弟弟用力往上一拉，高兴地大声叫起来："我钓到大鱼啦！我钓到大鱼啦！"

太阳快下山了，猫弟弟和猫哥哥抬着大鱼，高高兴兴回家去了。

生 字 第五周

钓 早 晨 太 阳 东 弟 哥 静 等 话 蜻 蜓 竿 已 经

第六周

蝴 蝶 漂 但 唉 为 专 心 儿 停 像 步 动 力

词 汇 第五周

钓鱼　早晨　太阳　刚从　东方　升起　弟弟　哥哥
静静地　等着　不能　说话　跑开　蜻蜓　放下
钓鱼竿　追不上　已经

第六周

蝴蝶　漂亮　但是　唉　为什么　呢　专心　一会儿
眼前　飞来飞去　停在　好像　一步　走开
动起来　用力　大声　抬着

表意部首
（Meaning Clue）
第五周

钅：钓 | 钻 镜

阝：阳 | 阿

⺮：等 竿 | 笑

讠：话 | 说 请 谢

纟：经 | 给 红 绿 线 细

第六周

力：力字旁或力字底 [strength]　　动 | 男 另 加

氵：漂 | 浇 没 满 渴 法 沟 河 游

虫：蜻 蜓 蝴 蝶 | 蛙 蝌 蚪 蚂 蚁

亻：但 停 像 | 伯 什 倒 住 伸 候 作
　　　　　　　　低 信 们 你 他 件 做

口：唉 | 吗 吧 哪 叫 喘 啊 喝 吹 吃 呢 啦 咦 嘴 叶 听

课堂习字

耳朵旁　　　　金字旁

早　早　早

方　方　方

太　太　太

哥　哥　哥

钓　钓　钓

阳　阳　阳

弟　弟　弟

捉　捉　捉

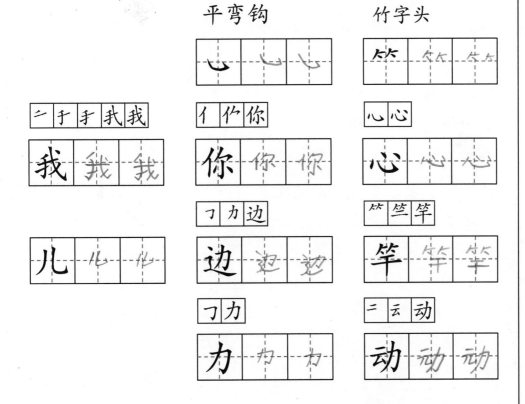

平弯钩　　　　竹字头

我　我　我

你　你　你

儿　儿　儿

边　边　边

力　力　力

心　心　心

竿　竿　竿

动　动　动

语法点

- **"对"字的用法**

  猫哥哥**对**猫弟弟说:"钓鱼的时候,要静静地等着。"

  小鸡**对**小狗说:"你看,你看,这是我画的竹叶。"

  猫哥哥说得**对**,钓鱼的时候不能跑开。

  你说得**不对**,他的眼睛不是黑的,他的眼睛是灰的。

- **"太"和"太阳"**

  早晨,**太阳**从东方升起来。

  我们一直玩到**太阳**下山才回家。

  你给我的水果**太**多了,我吃不下。

  他跑得**太**快了,我怎么追也追不上。

- **"能"、"不能"和"才能"**

  小鸟**能**飞到很高的树上去。

  我**能**(   )。

  你**能**(   )吗?

  小鱼**不能**在地上走。

  下雨的时候,**不能**(   )。

  小猫**不能**(   )。

  只有跑得快,**才能**捉到蜻蜓。

  只有天亮了,**才能**(   )。

  只有静静地等着,**才能**(   )。

- **"只好"的用法**

  小兔跑进树林,不见了。小猴子**只好**空着手回家去。

  蜻蜓很快飞走了,小猫追不上,**只好**回到河边。

● **"一会儿……一会儿……"**

你**一会儿**捉蜻蜓，**一会儿**捉蝴蝶，怎么能钓到鱼呢？

小兔和小猴**一会儿**跑，**一会儿**跳，玩得很高兴。

看你，**一会儿**走，**一会儿**停，什么时候才能到家呢？

● **"快……了"**

太阳**快**下山**了**，猫弟弟和猫哥哥抬着大鱼，高高兴兴回家去了。

小猴跑啊跑啊，**快**追上小兔**了**。

小灰兔的白菜**快**吃完**了**。

● **"飞来飞去"** 和 "verb ＋来＋ verb ＋ 去"

蜻蜓和蝴蝶在小猫眼前**飞来飞去**。

小蝌蚪在水里**游来游去**找妈妈。

小袋鼠在妈妈身边**跳来跳去**，最后爬到妈妈胸前的袋子里去了。

爬来爬去	钻来钻去	游来游去	走来走去
跑来跑去	换来换去	找来找去	做来做去
扔来扔去	躲来躲去	放来放去	拿来拿去
抱来抱去	拉来拉去	想来想去	飘来飘去
看来看去	听来听去	等来等去	动来动去
算来算去			

认一认
每

猴子和桃子

从前有一个老人，家里有一大群猴子。他家里还种了几棵桃树，他天天摘桃子给猴子吃。猴子要吃多少，他就给多少。可是，到了后来，树上的桃子越来越少了。老人就对那些猴子说："你们看，树上的桃子不多了。以后呢，我**每**天早晨给你们**每**人吃三个桃子，晚上吃四个桃子，好不好？"

猴子们听了，马上大叫起来："不好！不好！太少了！太少了！"

老人想了一想，说："那么，你们**每**天早上吃四个桃子，晚上吃三个桃子，好不好？"

猴子们一听说自己早上可以吃四个桃子了，都高兴得又蹦又跳："好啊！好啊！谢谢！谢谢！"

到太阳上去

有一天，哥哥对弟弟说："你知道吗，已经有人到月亮上去过啦！"弟弟说："那有什么了不起，我长大以后，还要到太阳上去呢！"

哥哥说："不能去，不能去，太阳上面太**热**了！"

弟弟说："我有一个好办法。我们在冬天的晚上去。等早晨太阳升起来的时候，我们马上回来，那就不会**热**了！"

认一认
热

课后阅读
第五周（3）

认一认

球

认一认

绕

大 和 小

太阳大，地球小，

地球**绕**着太阳跑。

地球大，月亮小，

月亮**绕**着地球跑。

拔萝卜（上）

老公公种了个萝卜。他对萝卜说："长吧，长吧！"老公公的萝卜就长啊长啊，长得又圆又大。

这一天，老公公来拔萝卜。他用力拔呀拔，大萝卜一动也不动。老公公叫："老**婆婆**，老**婆婆**，快来帮忙拔萝卜！"

"来啦！来啦！"

老**婆婆**拉着老公公，老公公拉着萝卜叶子，一起拔萝卜。他*们用力拔呀拔，还是拔不起来。

老**婆婆**连忙叫："小弟弟，小弟弟，快来帮忙拔萝卜！"

"来啦！来啦！"

小弟弟拉着老**婆婆**，老**婆婆**拉着老公公，老公公拉着萝卜叶子，一起拔萝卜。他们用力拔呀拔，还是拔不起来。

---

* 中文的"他"字，可以泛指男、女，以及一切事物，通"他"、"她"和"它"。

拔 萝 卜（下）

小弟弟连忙叫："小黄狗，小黄狗，快来帮忙拔萝卜！"

"汪！汪！来啦！来啦！"

小黄狗拉着小弟弟，小弟弟拉着老婆婆，老婆婆拉着老公公，老公公拉着萝卜叶子，一起拔萝卜。他们用力拔呀拔，还是拔不起来。

小黄狗连忙叫："小花猫，小花猫，快来帮忙拔萝卜！"

"喵！喵！来啦！来啦！"

小花猫拉着小黄狗，小黄狗拉着小弟弟，小弟弟拉着老婆婆，老婆婆拉着老公公，老公公拉着萝卜叶子，一起拔萝卜。他们用力拔呀拔，还是拔不起来。

小花猫连忙叫："小松鼠，小松鼠，快来帮忙拔萝卜！"

"吱吱！ 吱吱！来啦！来啦！"

认一认
汪

认一认
喵

认一认
松鼠

　　小松鼠拉着小花猫，小花猫拉着小黄狗，小黄狗拉着小弟弟，小弟弟拉着老婆婆，老婆婆拉着老公公，老公公拉着萝卜叶子，一起拔萝卜。拔呀拔，大萝卜有点儿动了。他们再用力拔呀拔，拔呀拔，大萝卜拔起来了！

小胖追蜻蜓

蜻蜓，蜻蜓，飞飞，

小胖，小胖，追追。

不是来捉你，

有话要问你：

虫子捉了几千几？

四、狐狸和乌鸦

　　乌鸦在大树上做了个窝。大树底下有个洞，洞里住着狐狸。

　　有一天，乌鸦飞出去给她的孩子找东西吃。她找到一块肉，叼了回来，站在窝旁边的树枝上，心里很快乐。

　　这时候，狐狸肚子饿了，也出来找吃的。他抬起头，看见乌鸦嘴里叼着一块肉，馋得直流口水。

狐狸想了想，就笑着对乌鸦说："您好，亲爱的乌鸦！"乌鸦不作声。

狐狸又说："亲爱的乌鸦，您的孩子好吗？"乌鸦看了狐狸一眼，还是不作声。狐狸又说："亲爱的乌鸦，您的羽毛真漂亮，麻雀比起您来，可就差多了。您的嗓子真好，谁都爱听您唱歌。您唱几句吧！"

乌鸦听了狐狸的话，得意极了，就唱起歌来。"哇……"她刚一张嘴，肉就掉下来了。

狐狸叼起肉，钻到洞里去了。

第四课	

生 字 第七周

狐 狸 窝 洞 她 孩 块 肉 叼 站 旁 乐 肚 馋 流

第八周

亲 羽 雀 差 嗓 谁 唱 歌 句 意 极 哇 张

词 汇 第七周

狐狸 窝 洞 住着 孩子 东西 找到 一块 肉 叼了
站在 旁边 树枝 心里 快乐 这时候 肚子 嘴里 馋得
直流口水

第八周

想了想 笑着 您好 亲爱 不作声 羽毛 麻雀 漂亮
比起 差多了 嗓子 真好 谁 唱歌 几句 得意极了 哇
张嘴 钻到

表意部首
（Meaning Clue）

子：子字旁 [children]　　孩

立：立字旁 [to stand up]：　站

第七周

犭：狐 狸 | 猴 狗 猫

宀：窝 | 空

女：她 | 妈 娃 好 姨

氵：洞 流 | 漂 浇 没 满 渴 法 沟 河 游

月：肚 | 骨 青 脸 脚 腿 脱 胸 脑 胖 朋 脏

饣：馋 | 饿

第八周

弓：弓字旁 [a bow; curved]　　张

讠：谁 | 话 说 请 谢

心：意 | 您 急 想 怎

口：嗓 唱 叼 哇 | 唉 吗 吧 哪 叫 喘 啊 喝 吹 吃 呢
　　　　　　　　　　啦 咦 嘴 叶 听

木：极 | 林 梅 枝 树 棵 桃 松

反犬旁　　心字底

犭　犭　犭
犭 犷 狐 狐
狐 狐 狐
氵 冂 洞
洞 洞 洞

犭 犯 狸
狸 狸 狸
一 ヒ 东
东 东 东
忄 忄 忄 快
快 快 快

忄 忄 忄
忄 容 窝 窝
窝 窝 窝
冂 丙 西 西
西 西 西
一 �

 乐
乐 乐 乐

木 相 想 想
想 想 想
十 古 直 真
真 真 真

竹 竺 笑
笑 笑 笑
丁 习 羽
羽 羽 羽
几 几 几

丁 オ 不 还
还 还 还
三 毛
毛 毛 毛
钅 针 钻
钻 钻 钻

语法点

- **"给"字的用法**

  给 as "for":

  乌鸦飞出去给她的孩子找东西吃。

  每天晚上睡觉前，爸爸都给我讲一个故事。

  弟弟爱给他的朋友们画画。

  妈妈给我们做饭吃。

  给 as "to give":

  我送给妈妈一朵花。

  爸爸给我一些水果。

  老山羊给小白兔一包菜子。

  每天早上，老人给猴子四个桃子。

- **"底"和"低"**

  底 as "under; bottom":

  底下　　　　　水底　　　　瓶底　　　　到底

  低 as "low":

  很低　　　　　低处　　　　高低　　　　低声

- **"adjective + 得"和"verb + 得"**

  The phrase that goes after the "得" modifies the adjective or verb that goes before the "得":

  馋得（　　　　　　）　　吃得（　　　　　　　）

  饿得（　　　　　　）　　飞得（　　　　　　　）

  说得（　　　　　　）　　跑得（　　　　　　　）

  跳得（　　　　　　）　　游得（　　　　　　　）

- **"谁"字的用法**

  谁 as "anyone":

  "您的嗓子真好，**谁**都爱听您唱歌。"

  谁都知道，太阳比地球大。

  这个故事不好听，**谁**都不爱听。

  这个洞太小了，**谁**都钻不进去。

  谁 as "who, whom" in a question:

  那个和你一起来的人是**谁**？

  我们到**谁**家去玩？

  这是**谁**种的树？

  这个故事是**谁**讲给你听的？

- **"真"字的用法**

  狐狸对乌鸦说："您的羽毛**真**漂亮。"

  老爷爷种的萝卜长得**真**大。

  蝴蝶和蜻蜓飞来飞去，**真**好玩。

  小猴子从树顶上拿到了胖胖的帽子，**真**高兴。

- **"……极了"**

  乌鸦听了狐狸的话，**得意极了**，就唱起歌来。

  妈妈做的菜**好吃极了**，谁都爱吃。

  那个故事**好听极了**，我听了还想听。

  狐狸跑得**快极了**，我怎么追也追不上。

认一认
累

井底的青蛙

一只青蛙住在井里，渴了就喝井里的水，饿了就吃井里的小虫，从来没有出去过。

有一天，一只燕子飞来，落在井边上。

青蛙问燕子："你从哪里来呀？"

燕子说："我在天上一口气飞了一百里，飞累了，下来找水喝。"

青蛙又问："什么叫一百里呀？"

燕子说："一百里就是很远很远的路，我一直飞了好几个小时呢！"

青蛙说："朋友，你说得不对。天只有井口这么大，你怎么能在天上飞那么远呢？"

燕子对青蛙说："你自己才不对呢，天大得很。你怎么说天只有井口这么大呢？"

青蛙笑了，说："朋友，我每天坐在井里，一抬头就看见天。我怎么会不知道天有多大呢？"

小朋友，你们说，到底谁不对？为什么？

送给妈妈的花

小刚和爸爸一同上山去，回来时摘了好多花。"我要把这些漂亮的花送给妈妈，"小刚心里想。

快到家的时候，小刚碰到一群小朋友。一个小朋友说："小哥哥，你的花多漂亮啊，送给我一朵好吗？"小刚**挑**了一朵最漂亮的花送给了那个小朋友。

好多小朋友都叫起来："我也要，我也要，小哥哥，也送一朵给我吧！"小刚给了每个小朋友一朵花。不一会儿，小刚手里只有一朵蓝色的小花了。

回到家，小刚对妈妈说："妈妈，我在山上给你摘了好多漂亮的花，可是我都给小朋友了，他们想要花……"

妈妈听了小刚的话，一点儿也没生气。她快乐地接过小刚手里的蓝色小花，对小刚说："谢谢你，好孩子，你做得对！"

认一认
挑

课后阅读
第七周（3）

认一认

翁

不 倒 翁

一个老公公，

真是很奇怪。

要他睡下去，

他又站起来。

葡萄是酸的

一只狐狸又饿又渴，想找点儿东西吃。他东走西走，钻进了一个葡萄园里。

狐狸一抬头，看见很多葡萄高高地挂着，馋得直流口水，真想把它们一口吃到嘴里。可是，葡萄挂得很高，狐狸站起身来也碰不着葡萄。他往上一跳，差点儿碰到了葡萄。他再用力一跳，又差一点点碰到。他跳啊跳啊，左跳右跳，跳到后来，力气都用完了，再也跳不动了，还是没有碰到葡萄。

狐狸看着葡萄，心想："唉，我看这些葡萄都是酸的！谁要吃这些酸葡萄！还是留给那些馋嘴的鸟儿去吃吧。"

认一认
酸

认一认
园

课后阅读
第八周（2）

认一认
根

比爸爸多一根骨头

爸爸问儿子："孩子，你知道人身上有多少根骨头吗？"

儿子马上说："我不知道人身上有多少根骨头，但是，我知道我比您多一根骨头。"

爸爸问："为什么？你怎么会比我多一根骨头呢？"

儿子说："我刚才吃鱼的时候，不小心把一根鱼骨头吃下去了，那我就比您多一根骨头了。"

雪娃娃（二则）

门口有个雪娃娃，

张着小嘴不说话。

我来和她一起玩，

叫她不要想妈妈。

雪花，雪花，

做成一个娃娃，

过了几天不见啦。

哪里去啦？我知道，

是太阳公公**带**走啦！

认一认
带

一、说一说本学期学的表意部首(Meaning Clues)的中文名称和英文意义，并在括号里写出一个例字：

1、半 （ ）　　2、石 （ ）　　3、饣 （ ）

4、勹 （ ）　　5、力 （ ）　　6、子 （ ）

7、立 （ ）　　8、弓 （ ）　　9、宀 （ ）

二、说一说一年级学的表意部首(Meaning Clues)的中文名称和英文意义，并在括号里写出一个例字：

1、纟 （ ）　　2、雨 （ ）　　3、辶 （ ）

4、亻 （ ）　　5、攵 （ ）　　6、钅 （ ）

7、⺮ （ ）　　8、罒 （ ）　　9、目 （ ）

10、扌 （ ）　11、月 （ ）　12、艹 （ ）

13、衤 （ ）　14、曰 （ ）　15、虫 （ ）

16、口 （ ）　17、灬 （ ）　18、礻 （ ）

19、舟 （ ）　20、⺌ （ ）　21、门 （ ）

22、鸟 （ ）　23、扌 （ ）　24、木 （ ）

25、讠 （ ）　26、犭 （ ）　27、禾 （ ）

28、冂 （ ）　29、阝 （ ）　30、彳 （ ）

31、心 （ ）　32、刂 （ ）　33、土 （ ）

34、夂 （ ）　35、氵 （ ）　36、冫 （ ）

37、宀 （ ）　38、女 （ ）　39、足 （ ）

40、王 （ ）　41、卩 （ ）　42、走 （ ）

43、日 （ ）　44、忄 （ ）　45、囗 （ ）

46、穴 （ ）

三、读一读这学期学的字词：

早晨 夜晚 太阳

您 她 伯伯 哥哥 弟弟 孩子 自己 谁

井 故事 车 钓鱼竿 话 窝 洞 肉 肚子 羽毛 嗓子 歌 句

蜻蜓 蝴蝶 狐狸 麻雀

捞 跟 叫 拉 住 接 伸 碰 抬 喘 用 帮 送 给 翻
浇 拔 捉 挑 问 钓 等 停 动 叼 站 流 唱 张

急 老 快 糟 忙 直 饿 漂亮 专心 馋 差 快乐. 亲爱 得意

吗 吧 唉 哇 呢 啊 啦 咦

灰 黑 白 红 绿 黄 蓝

东 南 西 北

包 担 颗 棵 片 个 朵 只 里 条 头 匹 件 群

连忙 倒 另 越 长 最 刚 完 松 以 什么 一 些 再
没有 一点 哪 才能 已经 但是 为什么 一会儿
好像 一步 用力 旁边 东 极了

自 然 （Nature）

人 （People）

事 物 （Things）

动 物 （Animals）

动 词 （Verbs）

形容词 （Adjectives）

感叹词 （Interjections）

颜 色 （Colors）

方 向 （Directions）

量 词 （Measure words）

其 他 （Others）

Meaning Clues 字表

Meaning Clues	本单元生字	以前学的生字
米	糟	
石	碰	
饣	饿 馋	
勹	包	
力	另 动	男 加
孑	孩	
立	站 亲	
弓	张	
亠	亮	
纟	给 经	红 绿 线 细
雨		雪
辶	连 送	边 还 进 道 近 远 过 这 追
亻	倒 住 伸 伯 什 但 停 像	你 做 他 件 作 低 信 们 候
女	她	妈 好 娃 姨
钅	钓	钻 镜
竹	等 竿	算 笑
目		看 着
日		眼 睛 睡

Meaning Clues 字表（续一）

Meaning clues	本单元生字	以前学的生字
扌	捞 拉 接 抬 拔 捉 挑 <u>担</u>	掉 挂 换 把 找 摘 扔 抱
月	肚	朋 脚 胖 脸 脏 胸 脑 腿 脱 服 青 骨
艹		葡 萄 萝 蓝 花 菜 草 落 藏
衤		袋
日		春
虫	蜻 蜓 蝴 蝶	蝌 蚪 蛙 蚂 蚁
口	叫 喘 吗 吧 哪 唉 叼 嗓 唱 哇	嘴 听 啦 咦 吃 呢 叶 吹 喝 啊
灬	点	黑 燕
衤		裤 褂
舟		船
小		尖
门	问	间 闪
鸟		鸡 鸭 鸦
木	松 极	树 棵 桃 枝 梅 林
木	亲	朵 条
讠	话 谁	请 说 谢
犭	狐 狸	猫 狗 猴
禾		和 种 秋

Meaning Clues 字表（续二）

Meaning Clues	本单元生字	以前学的生字
冂	用	同
阝	阳 哪	阿 那 都
彳	得	很 往
心	急 您 意	想 怎
刂	倒 刚	到 剩
土	块	地
攵	故	放 收
氵	浇 没 漂 洞 流	沟 河 游 渴 法 满
冫		减 凉
宀	完	家 它
女		要
𧾷	跟	路 跑 蹦 跳
王		玩
卩		脚 印
走	越	起
日	晚 阳 最 早 晨	时 星
忄	忙 快	怪 慢
囗		圆 回
穴	窝	空

总生字表

一、《捞月亮》（28）

捞 夜 晚 井 急 得 叫 糟 连 忙 跟 老 快

倒 拉 住 另 接 越 <u>长</u> 直 最 伸 刚 碰 抬 喘 用

二、《白菜的故事》（32）

故 灰 帮 完 车 送 给 您 伯 包 吗 翻 松 以 浇 拔 捉

什 饿 些 再 没 点 吧 挑 <u>担</u> 问 哪 自 己 才 能

三、《小猫钓鱼》（30）

钓 早 晨 太 阳 东 弟 哥 静 等 话 蜻 蜓 竿 已 经

蝴 蝶 漂 但 唉 为 专 心 儿 停 像 步 动 力

四、《狐狸和乌鸦》（28）

狐 狸 窝 洞 她 孩 块 肉 叼 站 旁 乐 肚 馋 流

亲 羽 雀 差 嗓 谁 唱 歌 句 意 极 哇 张

（合计118字，累计420字）

马立平课程

中 文

二年级

第二单元

编写 马立平

审定 庄 因

插图 吕 莎

课 文

一、一粒种子

　　一粒种子睡在泥土里。他醒过来，觉得很暖和，就把身子挺一挺。

　　他有一点儿渴，喝了一口水，觉得很舒服，又把身子挺一挺。

　　春风轻轻地吹着。

　　种子问蚯蚓："现在是什么时候了？外面是什么声音？"

　　蚯蚓告诉种子："春天来了，外面是春风的声音。春风在叫我们到外面去。"

"外面怎么样？也这么黑吗？"

"不，外面亮得很。"蚯蚓一边回答，一边往外钻。"来，让我帮你松一松土，你好钻出去。"

种子听了很高兴，又把身子挺一挺。

春风在唱歌，河水在唱歌，小鸟在唱歌，小朋友也在唱歌。

种子听见外面这么热闹，心里非常喜欢，连忙说："啊，我要赶快出去！"

种子又把身子挺一挺，眼前突然一亮，啊，好个光明的世界！

生 字 第一周

粒 种 泥 醒 觉 暖 挺 舒 轻 蚯 蚓 现 外 音 告 诉

第二周

样 答 让 热 闹 喜 欢 赶 突 然 光 明 世 界

词 汇 第一周

一粒 种子 睡在 泥土 醒过来 觉得 暖和 (warm)

挺一挺 渴 喝 舒服 春风 轻轻 吹着 蚯蚓

现在 时候 外面 声音 告诉

第二周

怎么样 这么 黑 亮得很 一边 回答 让 帮

松一松 唱歌 河水 热闹 (lively) 喜欢 连忙 赶快

眼前 突然 (suddenly) 光明 (bright) 世界 (world)

表意部首
（Meaning Clue）

第一周

酉：酉字旁 [wine]　醒

车：车字旁 [a cart]　轻

米：粒 | 糟

氵：泥 | 沟 河 游 渴 法 满 浇 没 漂 洞 流

扌：挺 | 掉 挂 换 找 摘 扔 抱 把 捞 拉 接 抬 拔 捉 挑 担

虫：蚯 蚓 | 蝌 蚪 蛙 蚂 蚁 蜻 蜓 蝴 蝶

王：现 | 玩

讠：诉 让 | 请 说 谢 话 谁

口：告 | 嘴 啦 咦 吹 吃 呢 喝 叫 喘 哪 叼
　　　嗓 唱 啊 吗 吧 哇 唉 听 叶

第二周

木：样 | 树 枝 梅 桃 棵 林 极 松

竹：答 | 笑 等 竿 算

灬：热 然 | 黑 燕 点

门：闹 | 间 闪 问

穴：突 | 空 窝

走：赶 | 起 越

日：暖 明 音 | 时 晚 阳 最 早 晨 星

- **多音字"种"**

  "种" as "to plant (verb)":

  阿姨**种**玉米，叔叔**种**花生，小猫**种**鱼。

  春天来了，人们有的**种**树，有的**种**花，有的**种**菜。

  "种" as "seeds (noun)":

  一粒**种子**睡在泥土里。

  山羊伯伯送给小灰兔白菜，送给小白兔菜**种**。

  "种" as "one kind (measure word)":

  萝卜是**一种**菜，桃树是**一种**树，蚂蚁是**一种**小虫。

  燕子是**一种**鸟，乌鸦是另**一种**鸟。

  这里一共有**三种**水果：葡萄、桃子和西瓜。

- **多音字"觉"**

  "觉得" as "to feel":

  狐狸一天没有吃东西，**觉得**很饿。

  我**觉得**很热，能不能请你把门打开？

  "睡觉" as "to sleep":

  弟弟已经**睡觉**了。

  玩了一天回到家，我觉得**睡觉**舒服极了。

- **"和"字的用法**

  "和" as "and":

  小山羊**和**小牛一同吃青草。

  小白兔**和**小灰兔帮老山羊收白菜。

  "暖和" as "warm":

  种子醒过来，觉得很**暖和**。

  春天的天气很**暖和**。

语法点
第二周

- **"一边……一边……"**

  蚯蚓**一边**说，**一边**往外钻。

  乌鸦妈妈**一边**飞，**一边**想着自己的孩子。

  狐狸**一边**吃肉，**一边**钻到洞里去了。

  小朋友**一边**走路，**一边**（　　　　）。

  爸爸**一边**（　　　　），**一边**（　　　　）。

- **"喜欢"的用法**

  "喜欢" as "happy (adjective)":

  种子听见外面这么热闹，心里非常**喜欢**。

  小猴子看着自己摘的大玉米，心里很**喜欢**。

  "喜欢" as "to like (verb)":

  小猫**喜欢**吃鱼，小狗**喜欢**吃骨头，燕子**喜欢**吃小虫。

  有些人**喜欢**吃肉，不**喜欢**吃青菜；也有些人**喜欢**吃青菜，不**喜欢**吃肉。这两种东西我都**喜欢**吃。

- **"明"字的用法**

  "明" as "bright":

  啊，好一个光**明**的世界！

  有了这面大镜子，屋子里一下子**明亮**起来了。

  "明" as "clear":

  你听**明**白了吗？

  这个袋子里放的**明明**是西瓜，你怎么说是桃子呢？

  "明" in **"明天"**、**"明年"**：

  明天会不会下雨？后天呢？

  明年春天我们一家会去中国。

- "光" 字的用法

"光" as "bright":

太阳出来了，到处一片**光明**。

我家的镜子看上去很**光亮**。

"光" as "light (noun)":

你最好别在**太阳光**底下看书，会把眼睛看坏的。

这个屋子**光线**很好，那个屋子**光线**就不太好。

太阳**光**　　阳**光**　　月亮**光**　　月**光**　　灯**光**

"光" as "finished, nothing left":

弟弟把哥哥给他的葡萄一下子**吃光**了。

我种了很多花，把家里的花种都**用光**了。

- **圈出** (circle) **下面中文字的表音部首** (sound clue):

粒	醒	挺	蜓	经	轻
现	歌	种	快	块	们
渴	喝	洞	睛	蜻	抱
跑	跳	桃	饿	张	帐
把	吧	爸			

狐狸和乌鸦的第二个故事

这一天，乌鸦又找到一块肉。她飞到树上刚要吃，狐狸又来了。

狐狸抬起头，笑着对乌鸦说："您好，亲爱的乌鸦**太太**！谢谢您上回唱歌给我听，又送肉给我吃，您真是个好心人！现在我们一起来唱歌，好吗？"

乌鸦早就想到狐狸又会要她唱歌，她把肉叼在嘴里，不作声。

狐狸见乌鸦不作声，又说道："啊……对不起，我**看错**人了。您不是那只又好心，又会唱歌的乌鸦。您是另一只不会唱歌的乌鸦！"狐狸停了停，又说："咦，乌鸦**太太**，您嘴里叼的肉怎么是**臭**的呢？真**臭**！真**臭**！真是臭极了！"

乌鸦一听，脸都气黑了，她张开嘴，大声叫道："不对！我就是那只会唱歌的乌鸦，这块肉一点儿也不**臭**！"

乌鸦的话还没说完，狐狸连忙叼起掉下来的肉，一口就吃了下去。狐狸吃完肉，对乌鸦说："您说的不错，这块肉一点儿也不**臭**，比上回的那块还要好吃！再见了！好心的乌鸦！"

读一读
太太

认一认
错
读一读
看错

认一认
臭

它们是怎样睡觉的

夜晚，爸爸叫小明去**睡觉**，小明问爸爸："我们天天要**睡觉**，那么小鸟要不要**睡觉**呢？"

爸爸说："小鸟当然也要**睡觉**。"

"小鸟是在树上**睡觉**的吗？它们**睡觉**的时候，怎么不会掉下来呢？"

爸爸说："小鸟睡觉的时候两只脚**抓住**树枝。这样，就是风吹动树枝，它们也不会掉下来。"

小明又说："我见过小狗**躺着睡觉**。它用前脚抱着鼻子，耳朵碰着地。一有声音，它就马上站起来了。"

爸爸问小明："你知道有谁是站着**睡觉**的吗？"

"有啊，我听哥哥说，马就是站着**睡觉**的。"

"那么，有没有谁是**睁着**眼睛**睡觉**的呢？"

"也有啊，水里的鱼就是**睁着**眼睛**睡觉**的。"

爸爸高兴地说："孩子，你知道的也不少啊！"

读一读
睡觉

读一读
当然

认一认
抓住

认一认
躺着

认一认
睁着

春 风 吹

春风吹，春风吹，
吹绿了树，
吹红了花，
吹来了燕子，
吹醒了青蛙，
吹得小雨轻轻下，
我们来种菜和瓜。

月儿弯弯

月儿弯弯，
在想事儿，
鸟儿喳喳，
在说话儿。

狐狸和乌鸦的第三个故事

这一天，狐狸从外面回来，看见乌鸦又叼着一块肉站在树枝上。狐狸马上高声叫道："您好啊，亲爱的乌鸦！您已经送了两块肉给我吃，我真不知道怎样谢谢您才好！您可真是天下最好心的乌鸦！"

乌鸦看了狐狸一眼，不作声。

狐狸**接着**又说："您也是最有办法的乌鸦。您又会唱歌，又会找肉，您能不能把找肉的办法告诉我？"

乌鸦站在窝旁边，还是不说话。

狐狸急了，说："您怎么老是不说话呀？我可最喜欢爱说话的乌鸦，最不喜欢不说话的乌鸦！告诉我，最亲爱的乌鸦，您最喜欢什么，最不喜欢什么？"

乌鸦一口把肉吃进肚里，**然后**对着狐狸大声说："现在让我来告诉你，我最喜欢吃肉，最不喜欢你这只狐狸！"

读一读

接着

读一读

然后

认一认
造
比一比
告

还是人有办法

弟弟看见鸟在天上飞。他说："鸟会飞，人不会飞，人比不上鸟。"哥哥回答说："可是，人能**造**飞机。飞机比鸟飞得快，飞得高。"

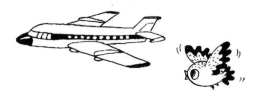

弟弟看见鱼在水里游。他说："鱼游得远，人游不远，人比不上鱼。"哥哥回答说："可是，人能**造**船。船比鱼走得快，走得远。"

认一认
汽车
比一比
气

弟弟看见马跑得快。他说："马跑得快，人跑不快，人比不上马。"哥哥回答说："可是，人会**造汽车**。**汽车**比马跑得快，跑得远。"

弟弟说："哥哥你说得对。世界上，还是人有办法。"

猜 谜 语

有时弯弯像只船，

有时圆圆像只盘。

请你告诉我，

到底是船还是盘？

| 认一认 |
| 猜 |

| 认一认 |
| 谜语 |

| 读一读 |
| 有时 |

| 认一认 |
| 盘 |

| 读一读 |
| 到底 |

看看是绿的，

吃的是红的，

吐出来的是黑的。

| 认一认 |
| 吐 |
| 比一比 |
| 土 |

二、谜语

皮 球

一个宝宝，

圆头圆脑，

拍一拍，跳一跳，

拍得越重，跳得越高。

铅 笔

长长的身子，

细细的肠子，

帮你画图写字，

高子变成矮子。

雪 人

一个娃娃，

又白又胖，

坐在风里不怕冷，

一见太阳汗直淌。

生 字 第三周

谜 语 皮 球 宝 拍 重 铅 笔
肠 图 写 字 矮 怕 冷 汗 淌

词汇 第三周

谜语 皮球 宝宝 圆头圆脑 拍 跳 重 高 铅笔
长长的 身子 细细的 肠子 画图 写字 变成 矮子
雪人 娃娃 又白又胖 坐在 不怕冷 太阳 汗直淌

表意部首
（Meaning Clue）

第三周

矢：矢字旁 [a dart, an arrow]　矮

冫：两点水 [ice]：冷（冬*）| 凉 减

讠：谜语 | 诉 让 请 说 谢 话 谁

王：球 | 现 玩

宀：宝字 | 家 完 它

扌：拍 | 挺 掉 挂 换 找 摘 扔 抱 把
　　　　捞 拉 接 抬 拔 捉 挑 担

钅：铅 | 钻 镜 钓

⺮：笔 | 答 笑 等 竿 算

月：肠 | 脚 朋 胖 脸 胸 脑 腿 脱 肚 骨 青 脏 服

忄：怕 | 怪 慢 快 忙

氵：汗 淌 | 泥 沟 河 游 渴 法 满 浇 没 漂 洞 流

囗：图 | 圆 回

---

* 请注意，"两点水"中的两点在字的旁边和下部时书写的方向不同。

- "越"字的用法

  ……越……，……越…… as "the more ... , the more ... .":

  拍得**越**重，跳得**越**高。

  天气**越**热，宝宝**越**高兴。

  外面**越**热闹，种子**越**喜欢。

  越来越 as "more and more ... .":

  树上的花**越来越**多了。

  弟弟**越来越**会走路了，他走得**越来越**快，**越来越**好了。

  天气**越来越**冷了，早上还下了大雪呢！

- 越＋Verb＋越：

  一只一只猴子接起来，**越接越长**，一直接到井里头。

  狐狸**越说越高兴**，乌鸦**越听越生气**。

  铅笔**越写越短**，皮球**越拍越高**。

- "的"和"地"

长长**的**身子 (Noun)	轻轻**地**吹着 (Verb)
细细**的**肠子 (Noun)	专心**地**钓鱼 (Verb)
圆圆**的**皮球 (Noun)	大声**地**唱歌 (Verb)
白白**的**雪人 (Noun)	静静**地**等着 (Verb)
春风**的**声音 (Noun)	慢慢**地**走路 (Verb)
光明**的**世界 (Noun)	高兴**地**玩球 (Verb)

- "又……又……"

  雪人**又**白**又**胖。

  铅笔**又**细**又**长。

  西瓜**又**圆**又**大。

  妈妈做事**又**快**又**好。

  哥哥种的花**又**多**又**漂亮。

萝卜回来了（上）

冬天来了，小白兔早晨醒来，看到屋子外面满地都是白白的雪。小白兔饿了，就出去找吃的。她找到了两个萝卜。小白兔心想，"天这么冷，不知道小鹿有没有吃的？这两个萝卜，我自己吃一个，把另一个送给小鹿吧！"小白兔去找小鹿，小鹿不在家。小白兔就把萝卜放在小鹿的门口，自己回家了。

这时候，小鹿也在外面找吃的。他找到了一棵青菜，很高兴。小鹿回到家，看见门口放着一个萝卜，很奇怪。小鹿心想，"这是谁送来的呢？我已经吃饱了，天这么冷，不知道小猴子有没有吃的？让我把萝卜送给小猴子吧！"小鹿去找小猴子，小猴子也不在家。小鹿就把萝卜放在小猴子的门口，自己回家了。

认一认
鹿

认一认
饱
比一比
包
抱
跑

萝卜回来了（下）

这时候，小猴子也在外面找吃的。他找到了几颗花生，很高兴。小猴子回到家，看见门口放着一个萝卜，很奇怪。小猴子心想，"这是谁送来的呢？我已经吃饱了，天这么冷，不知道山羊有没有吃的？让我把萝卜送给山羊吧！"小猴子去找山羊，山羊也不在家。小猴子就把萝卜放在山羊的门口，自己回家了。

这时候，山羊也在外面找吃的。他找到了不少树叶，吃完了就往家里走去。山羊回到家，看见门口放着一个萝卜，很奇怪。山羊心想，"这是谁送来的呢？我已经吃饱了，天这么冷，

不知道小白兔有没有吃的？让我把萝卜送给小白兔吧！"

山羊来到小白兔家，轻轻地推开门，看见小白兔在睡觉。山羊不想叫醒小白兔，就把萝卜放在桌上，自己回家了。

过了一会儿，小白兔醒来了。她睁开眼睛一看，"咦，萝卜怎么回来了？"

认一认

推

比一比

谁

比一比

推开门

认一认

桌

三、美丽的公鸡

有一只公鸡，自以为很美丽，整天得意洋洋地唱：
公鸡公鸡真美丽，大红冠子花外衣，
油亮脖子金黄脚，要比漂亮我第一。

这一天，公鸡吃得饱饱的，挺着胸，唱着歌，来到一棵大树下。他看见一只啄木鸟，说："长嘴巴的啄木鸟，我们比比谁美。"啄木鸟说："对不起，老树生了病，我是他的医生，我要给他治病去。"公鸡听了，唱着歌，大摇大摆地走了。

公鸡来到一个果园里。他看见一只蜜蜂，说："鼓眼睛的小蜜蜂，我们比比谁美。"蜜蜂说："对不起，果树开花了，我要采蜜去。"公鸡听了，又唱着歌，大摇大摆地走了。

公鸡走着走着，看见一只青蛙，说："大肚皮的青蛙，我们比比谁美。"青蛙说："对不起，稻田里有害虫，我要捉虫去。"公鸡见谁也不和他比美，只好往回走。

在回家的路上，公鸡碰到一匹老马。他伤心地问："老马伯伯，我去和啄木鸟、蜜蜂、青蛙比美，可是，他们为什么都不理我呢？"老马说："因为他们知道，美不美不能只看外表，还要看能不能帮人们做事。"公鸡听了很惭愧。

从此以后，他每天早上天不亮就喔喔喔地叫，一遍又一遍地催人们早起。

生 字 第四周

美 丽 <u>为</u> 整 洋 冠 油 脖 金 第 饱 啄 病 治 医 摇 摆

第五周

园 蜜 蜂 鼓 采 稻 害 伤 理 因 表 惭 愧 此 每 喔 遍 催

词 汇 第四周

美丽 公鸡 自以为 整天 得意洋洋 冠子 花外衣 油亮

脖子 金黄脚 第一 饱饱的 挺着胸 啄木鸟 长嘴巴

谁美 对不起 生了病 医生 治病 大摇大摆

第五周

果园 蜜蜂 鼓眼睛 果树 开花 采蜜 肚皮 稻田 害虫

捉虫 路上 一匹 伤心 为什么 不理 因为 不能 外表

人们 做事 惭愧 (ashamed) 从此 以后 每天 天不亮 喔

一遍 催 (to urge)

表意部首
（Meaning Clue）
第四周

疒： 病字框 [sick]　 病

氵： 洋 油 治｜汗 淌 泥 流 沟 河 游 渴 法 满 浇 没 漂 洞

冖： 冠｜亮 写

月： 脖｜肠 脚 朋 胖 脸 胸 脑 腿 脱 骨 青 肚 服 脏

⺮： 第｜笔 答 笑 等 竿 算

口： 啄 喔｜告 嘴 哭 啦 咦 吹 吃 呢 喝 叫 喘 哪
　　　　 叼 嗓 唱 啊 吗 吧 哇 唉 叶 听

扌： 摇 摆｜拍 挺 掉 挂 换 找 摘 扔 抱 把 捞 拉
　　　　 接 抬 拔 捉 挑 担

口：园 因 | 图 圆 回

禾：稻 | 种 和 秋

虫：蜜 蜂 | 蚯 蚓 蝌 蚪 蛙 蚂 蚁 蜻 蜓 蝴 蝶

宀：害 蜜 | 宝 字 家 完 它

王：理 | 球 现 玩

忄：惭 愧 | 怕 怪 慢 快 忙

辶：遍 | 边 进 道 近 远 还 过 这 送 连

亻：伤 催 | 你 他 件 作 低 信 们 候 倒
　　　　住 伸 伯 什 停 像 但 做

- **"自以为"和"以为"**

  乌鸦**自以为**很会唱歌。

  小兔子**自以为**跑得快，可是乌龟追上了他。

  小猫把小鱼种到地里，他**以为**可以长出很多小鱼来。

  小猴子**以为**自己可以追上小兔子。

- **多音字"为"**

  "以为" as "thought (but actually not true)"：

  我躺在那里一动也不动，妈妈**以为**我睡着了呢！

  我**以为**你会来，可是你没有来。

  小蝌蚪还**以为**鱼是他们的妈妈呢！

  "为什么" as "why"：

  啄木鸟**为什么**不和公鸡比美呢？

  小猫说："我**为什么**连一条小鱼也没有钓到呢？"

  小白兔送给小鹿的萝卜**为什么**又回来了呢？

  "为" as "for"：

  蚯蚓**为**种子松土，青蛙**为**稻田捉害虫，蜜蜂**为**人们采蜜。

  妈妈**为**我们做好吃的东西。

  医生**为**我们治病。

语法点
第五周

- **"整"字的用法**

  爸爸**整**天都不在家。

  我**整个**晚上都在玩。

  整个树林里，到处都是美丽的花。

- **课文里的"的"和"地"**

  长嘴巴**的**啄木鸟 (Noun) 得意洋洋**地**唱 (Verb)

  老树**的**医生 (Noun) 大摇大摆**地**走 (Verb)

  鼓眼睛**的**小蜜蜂 (Noun) 伤心**地**问 (Verb)

  大肚皮**的**青蛙 (Noun) 喔喔喔**地**叫 (Verb)

  回家**的**路上 (Noun) 一遍又一遍**地**催 (Verb)

- **"害"字的用法**

  "害" as "harmful, injurious":

  你知道哪些虫子是**害虫**吗？

  水果吃得太多，会不会有**害处**呢？

  "害" as "to destroy, to suffer from":

  一只小虫在我身上爬，**害得**我睡不好。

  我们不能做**害人**的事。

  想害人的人，常常最后**害了**自己。

  兔子看见狐狸，很**害怕**。

  人吃了脏东西，会**害病**的！

- **"伤"字的用法**

  阿姨的小狗不见了，她很**伤心** (sad)。

  打球的时候，他不小心**受了伤** (to be wounded)。

  我们有时候说话不小心，会**伤害** (to hurt) 了朋友。

  医生，请您看一下我的**伤口** (wound) 好吗？

- **"着"和"了"是不同的**

  Translate the following sentences into English:

  他唱着歌。（　　　　　　　　　　　　　　　）。

  他唱了歌。（　　　　　　　　　　　　　　　）。

  小猴子吃着花生。（　　　　　　　　　　　）。

  小猴子吃了花生。（　　　　　　　　　　　）。

  蚯蚓往外钻着。（　　　　　　　　　　　　）。

  蚯蚓钻出来了。（　　　　　　　　　　　　）。

- **圈出** (circle) **下面中文字的表音部首** (sound clue)：

  第　　　　梯*　　　　弟　　　　饱　　　　抱

  油　　　　抽*　　　　由*　　　　谁　　　　推*

  漂　　　　飘　　　　票*　　　　洋　　　　样

- **比一比：**

  园 和 圆　　　　比 和 此　　　　理 和 里

  每 和 梅　　　　愧 和 鬼*　　　　喔 和 屋

---

* 这些带"*"的字，是课文中没有出现过的字。

课后阅读

第四周（1）

认一认
穿

读一读
不好看

认一认
虾

小青蛙的心事

小蝌蚪变成了小青蛙，穿上一身绿衣服，觉得自己很美丽。小青蛙坐在河边问小鸟："小鸟，小鸟，你说我好看**不好看**？"

小鸟说："你的衣服很漂亮，可是你怎么没有脖子呀？没有脖子多**不好看**！"

小鸟飞走了，小青蛙越想越不高兴，就哭起来："糟了！我没有脖子，我没有脖子……"

长颈鹿慢慢地走过来了，说："是啊，没有脖子怎么行？要是我没有脖子，就吃不到树叶和果子，那就要整天饿肚子了！"

鸭子摇摇摆摆地走过来了，说："是啊，要是没有脖子，我怎么能把头伸到水里面去捉小鱼呢？"

一群小鱼游过来了，说："没有脖子有什么不好？没有脖子，我们才游得快呢！"

一群**虾**也游过来了，说："没有脖子才好呢，你看，我们都没有脖子！"

小青蛙不哭了。他在想，到底谁说得对呢？到底是有脖子好，还是没有脖子好呢？

皮球升上来了

几个小朋友在拍皮球玩，不小心，皮球掉到树洞里去了。

树洞很深，皮球拿不出来，大家都非常**着急**。

突然，一个小朋友说："我有办法了！"说完，他就很快跑回家去了。

一会儿，只见他拿来一**盆**水，把水倒进树洞里。

树洞里的水满了，皮球也跟着**升上来**了。

读一读
升上来

读一读
不小心

读一读
着急

认一认
盆
比一比
盘

读一读
筝

比一比
睁

读一读
拍手

认一认
短

风 筝

小朋友，手儿小，
做只风筝画只鸟。
风儿轻轻吹，
风筝高高飘，
小朋友们拍手笑。

比 尾 巴

谁的尾巴长？
谁的尾巴短？
谁的尾巴像把伞？
猴子的尾巴长，
兔子的尾巴短，
松鼠的尾巴像把伞。

整天唱歌的蝈蝈

蚂蚁和蝈蝈都住在田里。蚂蚁从早到晚忙着找吃的，找到了吃的东西，就放到家里藏起来。蝈蝈呢，什么事也不做，整天抱着琴唱歌玩。

天气越来越冷了，外面再也找不到吃的东西了。一天，蝈蝈饿着肚子，走到蚂蚁家门口。他看见蚂蚁家里有很多好吃的东西，就对蚂蚁说："好朋友，我饿得很，你们能给我一点吃的吗？"

蚂蚁问蝈蝈："夏天你在做什么？你为什么没有找吃的东西藏起来呢？"

蝈蝈说："整个夏天我都在唱歌！"

蚂蚁说："那么，你也可以唱着歌过冬啊！"蝈蝈听了蚂蚁的话，只好惭愧地走开了。

认一认
蝈蝈

认一认
琴

认一认
过冬

读一读
了不起

读一读
力气

读一读
看不起

认一认
渔网

比一比
鱼

认一认
网眼

大鱼和小鱼

有一条大鱼，自以为很了不起。

一天，大鱼碰到一条小鱼，就得意洋洋地对小鱼说："你知道吗？我从很远很远的地方游来，一路上，谁见了我都说我了不起。我的个子大，力气大，谁也比不上我。你们小鱼呢，个子又小，力气又小，谁也看不起你们。唉，谁让你们长得那么小呢？"

这时候，一张渔网从他们头上落了下来，一下子把他们网住了。小鱼的身子小，他从网眼里钻出来，摇了摇尾巴，游走了。那条自以为了不起的大鱼呢，再也说不出话来，就这样让人捉去了。

我家两只鸡

我家两只鸡，
身上穿花衣。
公鸡喔喔**啼**，
催我早早起。
母鸡咯咯咯，
带着小小鸡。

认一认
啼

认一认
母鸡

认一认
咯

认一认
带

四、埋蛇的孩子

从前，有一个孩子叫孙叔敖。

有一次，他到外面去玩，看见路边有一条两头蛇。他听人说过，看见两头蛇的人，不久就会死。孙叔敖怕别人也看见这条蛇，就把它打死，在地上挖了个洞，用土把蛇埋起来。

孙叔敖回到家里，一看见妈妈，就哭了起来。妈妈一边给他擦眼泪，一边奇怪地问他为什么哭。他告诉妈妈："我今天看见一条两头蛇，想到自己很快就要死了，所以心里很难过。"

妈妈问："孩子，现在那条蛇在哪里？"

孙叔敖回答说："我怕 别 人看见它，那样，别 人也会死。 所 以我就把蛇打死，埋在土里了。"妈妈拉着孙叔敖的手，说："孩子，你能想到别人，这很好。那种说法不是真的，你不要 难 过。"

孙叔敖听了妈妈的话，就不再哭了。他长大以后，为人们做了很多好事。

生字 第六周

词汇 第六周

埋 蛇 孙 教 次 久 死 打 挖 擦 泪 别 今 所 难

埋蛇 孙叔教 有一次 路边 一条 不久 打死 怕

别人 挖 擦眼泪 今天 想到 很快 所以 难过 说法

真的 长大 好事

表意部首
（Meaning Clue）
第六周

土：埋 | 地 块

虫：蛇 | 蚯 蚓 蜜 蜂 蝌 蚪 蛙 蚂 蚁 蜻 蜓 蝴 蝶

子：孙 | 孩

攵：教 | 放 收 故

冫：次 | 凉 冷

扌：打 挖 擦 | 摇 摆 拍 挺 掉 挂 换 找 摘 扔 抱 把
捞 拉 接 抬 拔 捉 挑 担

氵：泪 | 洋 油 治 汗 淌 泥 流 沟 河
游 渴 法 满 浇 没 漂 洞

刂：别 | 到 倒 刚 剩

- **"别"字的用法**

  "别" as "other":

  这件衣服不是我的，是**别**人的。

  这里不好玩，我们到**别的**地方去吧！

  "别" as "don't":

  你在生病，**别**蹦蹦跳跳的！

  别大声说话，妈妈在睡觉！

  我们轻轻地走，**别**让他知道！

- **"就要"和"快要"** (to indicate that something will happen in near future)

  孙叔敖以为自己**就要**死了，心里很难过。

  我们明天**就要**去中国了。

  快要吃饭了，别出去玩了！

  别再说了，她**快要**哭了！

  我**快要**写完了，请等我一起走。

- **"……起来"和 "verb + 起 + noun + 来"**

  孙叔敖用土把蛇埋**起来**。

  我想**起来**了，这话是他告诉我的！

  乌鸦听了狐狸的话，就**唱起歌来**。

  猫哥哥和猫弟弟来到河边，**钓起鱼来**。

  他们两个见了面，就高兴地**说起话来**。

- **"难"字的用法**

难看 vs. 好看	难听 vs. 好听
难闻 vs. 好闻	难说 vs. 好说

  很难　太难　不难　不太难　一点也不难

  难为情 (ashamed, embarrassed)　难道 (is it possible?)　难怪 (no wonder)

课后阅读
第六周（1）

读一读
多极了

认一认
小苗

读一读
去年

桃子哪里去了？

秋天，小猴子收了很多桃子。桃子**多极了**，整天吃也吃不完。

一天，小猴子要去很远的地方看朋友。他想，我走了，这些桃子怎么办呢？他想来想去，想出了一个办法。小猴子动手把地上的土翻松，挖了个洞，把桃子都埋起来。

等到第二年春天，小猴子回来了。他一进家门，就看见地上有一些绿色的**小苗**。他想，"这不是我**去年**埋桃子的地方吗？让我把桃子挖出来吃吧！"可是，小猴子挖呀挖呀，去年秋天埋在这里的桃子，一个也找不到了。小猴子觉得十分奇怪，"桃子为什么不见了？它们到底跑到哪里去了呢？"

小朋友，你们知道吗？

等 明 天

小猴子要**造房子**，可是又想玩。他看看太阳，天气很好，就说："今天天气这么好，等明天再造房子吧！"

第二天，小猴子听见小鸟小虫在唱歌，看见蜻蜓蝴蝶飞来飞去，很热闹。他想和他们一起玩，就又说："今天大家都在玩，等明天再造吧！"

日子就这样一天天过去了，房子还是没有造好。下雨了，天冷了。那只老是想着等到明天再造房子的小猴子呢，天天**吱吱**地叫着："冷死我了！冷死我了！"可还是没有房子住。

读一读
明天

认一认
造房子
比一比
方

认一认
吱
比一比
枝

小兔快回家

小兔子，跑又跳，
天黑了，不知道。
月**婆婆**，轻轻叫：
小兔小兔快回家，
别让妈妈**到处**找。

读一读
婆婆

读一读
到处

五、骆驼和羊

一个夏天的早晨，骆驼和羊一起去散步。骆驼很高，羊很矮。骆驼说："长得高好。"羊说："错了，长得矮才好呢。"骆驼说："我可以做一件事情，证明高比矮好。"羊说："我也可以做一件事情，证明矮比高好。"他俩走到一个园子旁边。园子四面有围墙，里面种了很多树，树上的许多枝叶伸出墙来。骆驼一抬头，就吃到了树叶。羊举起前腿，扒在墙上，脖子伸得老长，还是吃不着树叶。骆驼得意洋洋地说："你看，这可以证明了吧？高比矮好。"羊摇摇头，不肯认输。

骆	驼	夏	散	错	情	证	俩
围	墙	许	举	扒	肯	认	输

他俩又向前走了几步，看见围墙上有个又窄又矮的门，门里面的草绿油油的。羊大模大样地走进园子去吃草。骆驼跪下前腿，低下头往门里钻，怎么也钻不进去。羊得意洋洋地说："你看，这可以证明了吧？矮比高好。"骆驼摇摇头，也不肯认输。

他俩找老牛评理，请老牛说说到底是长得高好，还是长得矮好。老牛笑笑说："你们各有各的长处，也各有各的短处。如果你们既看到自己的长处，也看到自己的短处，就不会在这里争论不休了。"

向 窄 模 跪 评 各 短 如 既 争 论 休

词汇 第七周

骆驼 夏天 散步 错了 可以 一件 事情 证明 (to prove)
他俩 园子 旁边 四面 围墙 许多 伸出 举起 前腿
扒在 不肯 认输

第八周

向前 又窄又矮 绿油油 大模大样 跪下 低下头 评理
请 到底 各有各的 如果 长处 (advantage) 短处 既
争论不休 (to argue endlessly)

表意部首
（Meaning Clue）
第七周

马：马字旁 [horse]　　骆 驼

攵：散 | 敖 放 收 故

钅：错 | 铅 钻 镜 钓

忄：情 | 惭 愧 怕 怪 慢 快 忙

囗：围 | 园 因 图 圆 回

扌：扒 | 挖 擦 摇 摆 拍 挺 掉 挂 换 找 摘 扔 抱
　　　　把 捞 拉 接 抬 拔 捉 挑 担 打

月：肯 | 脖 肚 肠 脚 朋 胖 脸 胸 脑 腿 脱 骨 服 青 脏

车：输 | 轻

第八周

亻：俩 休 | 伤 催 你 他 件 作 低 信 们 候 倒 住
　　　　伸 伯 什 停 像 但 做

讠：证 许 认 评 论 | 谜 语 诉 让 请 说 谢 话 谁

穴：窄 | 突 空 窝

木：模 | 样 树 枝 梅 桃 棵 林 极 松

足：跪 | 路 蹦 跳 跑 跟

矢：短 | 矮

女：如 | 妈 娃 好 姨 她

- **"比"字的用法**

  骆驼觉得高**比**矮好，羊觉得矮**比**高好。

  小明跑得**比**小亮快，小亮跳得**比**小明高。

  改错：

  我比你长得一样高。（　　　　　　　　　　）。

  蝌蚪比鱼游得一样快。（　　　　　　　　　　）。

- **"一……就……"**

  孙叔敖一看见妈妈，**就**哭了起来。

  骆驼一抬头，**就**吃到了树叶。

  秋天一到，燕子**就**飞走了；春天一来，燕子**就**会回来。

  天一下雨，小朋友**就**躲到屋子里来了。

  我的衣服一脏，妈妈**就**让我换下来。

  我一回家，**就**（　　　　　　　　　　）。

  天一黑，**就**（　　　　　　　　　　）。

- **多音字"着"**

  小蝌蚪长**着**长**着**，变成了小青蛙。

  小鱼在水里游**着**，小鸟在天上飞**着**，小虫在地上爬**着**。

  乌鸦想出好办法，就喝**着**水了。

  妈妈把雨伞放在很高的地方，我拿不**着**。

  他很快睡**着**了。

- **读一读**

吃不着	吃得着	吃不到	吃得到
拿不着	拿得着	拿不到	拿得到
睡不着	睡得着	来不了	来得了
去不了	去得了	追不上	追得上
跑不掉	跑得掉	跑不了	跑得了
抱不动	抱得动	看不见	看得见

语法点

- **"各 (as "each")" 和 "个 (as a measure word)"：**
  Translate the following sentences into English:

  我们各有各的长处。（   ）。

  我们每个人都有自己的长处。（   ）。

  做这件事情，小朋友各有各的办法。

  （   ）。

  做这件事情，每个小朋友都有自己的办法。

  （   ）。

- **"处" 字的用法**

  "处" as "place"：

  一只乌鸦口渴了，**到处**找水喝。

  我的眼睛很好，**远处**的东西也能看见。

  你的孩子不在学校，你去**别处**找找吧。

  到处　远处　近处　高处　低处

  住处　　别处　　　处处　　　停车处

  "处" as "a special quality"：

  猴子的**长处**是会爬树，兔子的**长处**是跑得快。

  游泳对身体有**好处**，多吃青菜对身体也有**好处**。

  长处　　短处　　　好处　　　坏处　　　难处

- **"如果……就……"**

  如果你不想去，那**就**别去了吧！

  如果小猫一直和蜻蜓玩，他**就**钓不到鱼了。

  如果我们专心，**就**能把事情做好。

  如果小白兔没有菜子，她**就**不能种白菜了。

"谢谢您，云伯伯！"

云伯伯穿着灰白的外衣，在蓝蓝的天上飘来飘去。

突然，风伯伯送来**一封信**。云伯伯一看，是**果园**里的**果树**和大田里的玉米写来的。信上说："云伯伯，我们渴极了，您给我们下点雨吧！"

云伯伯身子一摇，滴滴答，滴滴答，下雨啦！下雨啦！

雨越下越大，**果园**里的每棵**果树**，都喝了个饱。大田里的每棵玉米，也都喝了个饱。

果树抬起了头，玉米挺起了**腰**，河里的小鱼，快乐得尾巴直摇。

一会儿，雨停了，太阳出来了。

"谢谢您，云伯伯！"**果树**和玉米一起**喊**。但是，他们抬头一看，咦，云伯伯怎么不见了？

认一认
一封信

读一读
果园

读一读
果树

认一认
腰
比一比
要

认一认
喊
比一比
叫

认一认
动物

认一认
饼干

读一读
对不起

读一读
吹牛

动物饼干

妈妈回到家，一进门就问我："孩子，饿了吗？真对不起，妈妈今天回来晚了，我马上给你做吃的。"

我对妈妈说："我已经吃了两头牛，四只羊，五条鱼，可是还没有吃饱。"

妈妈说："别吹牛了，我们家哪有这些东西？就是家里有，你也吃不下这么多呀！"

我笑着说："妈妈，您知道我吃的是什么？我吃的是动物饼干呢！"

两 只 羊

东边来了一只羊，
西边来了一只羊，
一起走到小**桥**上。
你也**不肯**让，
我也**不肯**让，
扑通，扑通，
掉进了河**中央**。

认一认
桥

读一读
不肯

认一认
扑通

认一认
中央

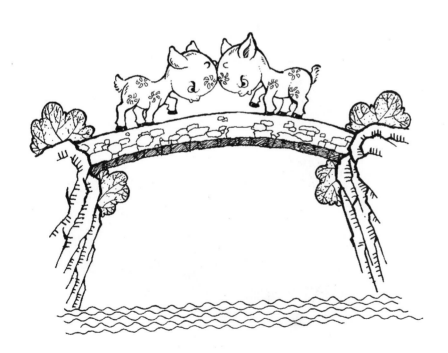

读一读
害人

认一认
驴子

认一认
狮子

读一读
伤害

读一读
推

比一比
谁

认一认
先

害人害自己

狐狸和驴子一起在路上走。走着走着，走到了一条沟旁边。突然，他们看见一头狮子，大摇大摆地走过来。

狐狸知道狮子要来吃他们，连忙走上前去说："亲爱的狮子，请您千万不要伤害我。您要是不伤害我，我来帮您捉住驴子。"

狮子听了，说："好吧。"

狐狸马上把驴子用力一推，推到了沟里。驴子掉到沟里，一动也不能动。

狮子看见驴子掉在沟里没办法逃走，就回过头来先吃掉了狐狸，然后再去吃驴子。

狐狸这样做，既害了别人，又害了自己。

谁的脚最好

有一次，鸡、鸭、猫、马在树下争论谁的脚最好。

鸡说："我的脚最好，长长的**脚趾**，帮我挖土捉小虫。"

鸭说："我的脚最好，**脚趾**中间长着**蹼**，游起水来可好啦！"

认一认
脚趾

认一认
蹼

猫说："我的脚最好，走路轻轻的，捉老鼠的时候，一点声音也没有。"

马说："我的脚最好，人们给我穿上**铁鞋子**，拉起车来，走再远的路也不怕。"

认一认
铁鞋子

老牛听见了，走过来说："别争了，你们的脚都好，只是各有各的**用处**，为什么一定要争谁的脚最好呢？"

读一读
用处

铅 笔

小小铅笔细又长，
身穿花衣直心肠，
嘴巴尖尖会写字，
只见短来不见长。

读一读

细心

认一认

沙

认一认

滴

读一读

脚步

春天来了

别说话，**细心**听，
沙沙沙沙，
是什么声音？
小雨**滴滴**下，
泥土慢慢醒，
花儿开了，草儿青了，
小鸟在树上叫个不停。
你听见了吗？
这是春天的**脚步**轻轻。

一、说一说本学期学的表意部首(Meaning Clues) 的中文名称和
　　英文意义，并在括号里写出一个例字：

　　1、车　（　　）　　　2、酉　（　　）　　　3、矢　（　　）
　　4、冫　（　　）　　　5、疒　（　　）

二、说一说一年级和上学期学的表意部首(Meaning Clues) 的中
　　文名称和英文意义，并在括号里写出一个例字：

　　1、纟　（　　）　　　2、雨　（　　）　　　3、辶　（　　）
　　4、亻　（　　）　　　5、女　（　　）　　　6、钅　（　　）
　　7、⺮　（　　）　　　8、目　（　　）　　　9、目　（　　）
　　10、扌　（　　）　　　11、月　（　　）　　　12、艹　（　　）
　　13、衣　（　　）　　　14、日　（　　）　　　15、虫　（　　）
　　16、口　（　　）　　　17、灬　（　　）　　　18、礻　（　　）
　　19、舟　（　　）　　　20、⺌　（　　）　　　21、门　（　　）
　　22、鸟　（　　）　　　23、禾　（　　）　　　24、木　（　　）
　　25、讠　（　　）　　　26、犭　（　　）　　　27、禾　（　　）
　　28、冂　（　　）　　　29、阝　（　　）　　　30、彳　（　　）
　　31、心　（　　）　　　32、刂　（　　）　　　33、土　（　　）
　　34、攵　（　　）　　　35、氵　（　　）　　　36、冫　（　　）
　　37、宀　（　　）　　　38、女　（　　）　　　39、足　（　　）
　　40、王　（　　）　　　41、卩　（　　）　　　42、走　（　　）
　　43、日　（　　）　　　44、忄　（　　）　　　45、口　（　　）
　　46、穴　（　　）　　　47、立　（　　）　　　48、弓　（　　）
　　49、米　（　　）　　　50、石　（　　）　　　51、饣　（　　）
　　52、勹　（　　）　　　53、力　（　　）　　　54、子　（　　）
　　55、宀　（　　）

三、读一读这学期学的字词：

自 然（Nature）

种子　泥土　春风　河水　太阳　夏天

人 物（People）

宝宝　矮子　雪人　娃娃　医生　人们　孙叔叔　别人　他俩

事 物（Things）

声音　世界　谜语　皮球　铅笔　身子　肠子　冠子　花外衣

脖子　金黄脚　长嘴巴　果园　鼓眼睛　果树　肚皮　稻田

害虫　外表　事情　园子　围墙　前腿

动 物（Animals）

蚯蚓　公鸡　啄木　鸟　蜜蜂　蛇　骆驼

动 词（Verbs）

睡在　醒过来　觉得　挺一挺　渴　喝　吹着　告诉　回答　让　帮

松一松　唱歌　喜欢　拍　跳　画图　写字　变成　坐在　不怕

汗直淌　自以为　挺着胸　生了病　治病　开花　采蜜　捉虫

伤心　不理　做事　催　埋　打死　怕　挖　擦眼泪　想到　长大

散步　证明　伸出　举起　扒在　不肯　认输　向前　跪下

低下头　请　评理　争论不休

形容词（Adjectives）

暖和　舒服　亮得很　热闹　光明　圆头圆脑　重　高　长长的

细细的　又白又胖　冷　美丽　油亮　饱　惭愧　天不亮　难过

错了　许多　又窄又矮　绿油油

轻轻　连忙　赶快　得意洋洋　大摇大摆　不久　很快
大模大样

喔

黑

外面　眼前　路边　旁边　四面

粒　匹　条　件

现在　时候　怎么样　这么　一边　突然　整天　第一
谁美　对不起　路上　为什么　从此　以后　每天　因为
不能　一遍　有一次　今天　所以　说法　真的　好事
可以　到底　各有各的　如果　长处　短处　既

副　词
（Adverbs）

感叹词
（Interjections）

颜　色
（Colors）

方　位
（Place）

量　词
（Measure words）

其　他
（Others）

Meaning Clues 字表

Meaning Clues	本单元生字	以前学的生字
车	轻 输	
酉	醒	
矢	矮 短	
疒	病	
纟		红 绿 线 细 给 经
雨		雪
辶	遍	边 还 进 道 近 远 过 这 追 连 送
亻	伤 催 俩 休	你 做 他 件 作 低 信 们 候 倒 住 伸 伯 什 但 停 像
女	如	妈 好 娃 姨 她
钅	铅 错	钻 镜 钓
竹	答 笔 第	算 笑 等 竿
罒		看 着
目		眼 睛 睡
扌	挺 拍 摇 摆 打 挖 擦 扒	掉 挂 换 把 找 扔 抱 捞 拉 接 抬 拔 捉 挑 担 摘
月	肠 脖 肯	朋 脚 胖 脸 脏 胸 脑 腿 脱 服 青 骨 肚

Meaning Clues 字表（续一）

Meaning Clues	本单元生字	以前学的生字
艹		葡 萄 萝 蓝 花 菜 草 落 藏
衤		袋
日	音	春
虫	蚯 蚓 蜜 蜂 蛇	蝌 蚪 蛙 蚂 蚁 蜻 蜓 蝴 蝶
口	告 啄 喔	嘴 听 啦 咦 吃 呢 叶 吹 喝 啊 叫 喘 吗 吧 哪 唉 叼 嗓 唱 哇
灬	热 然	黑 燕 点
衤		裤 褂
舟		船
小		尖
门	闹	间 闪 问
鸟		鸡 鸭 鸦
木	样 模	树 棵 桃 枝 梅 林 松 极
木	采	朵 条 亲
讠	诉 让 谜 语 证 许 认 评 论	请 说 谢 话 谁
犭		猫 狗 猴 狐 狸
禾	稻	和 种 秋
冂		同 用

Meaning Clues 字表（续二）

Meaning Clues	本单元生字	以前学的生字
阝		阿 那 都 阳 哪
彳		很 往 得
心		想 怎 急 您 意
刂	别	到 剩 倒 刚
土	埋 墙	地 块
攵	教 散	放 收 故
氵	泥 汗 淌 洋 油 治 泪	沟 河 游 渴 法 满 浇 没 漂 洞 流
冫	冷 次	减 凉
宀	宝 字 害	家 它 完
女		要
𧾷	跪	路 跑 蹦 跳 跟
王	现 球 理	玩
卩		脚 印
走	赶	起 越
日	暖 明	时 晚 阳 最 早 晨 星
忄	怕 惭 愧 情	怪 慢 忙 快
囗	图 园 因 围	圆 回
穴	突 窄	空 窝
米	粒	糟
石		碰
饣	饱	饿 馋

Meaning Clues 字表（续三）

Meaning Clues	本单元生字	以前学的生字
勹		包
力		男 加 另 动
子	孙	孩
立	音	站 亲
弓		张
冖	写 冠	亮
马	骆 驼	

总生字表

一、《一粒种子》（30）

粒 种 泥 醒 觉 暖 挺 舒 轻 蚯 蚓 现 外 音 告 诉
样 答 让 热 闹 喜 欢 赶 突 然 光 明 世 界

二、《谜语》（18）

谜 语 皮 球 宝 拍 重 铅 笔
肠 图 写 字 矮 怕 冷 汗 淌

三、《美丽的公鸡》（35）

美 丽 为 整 洋 冠 油 脖 金 第 饱 啄 病 治 医 摇 摆
园 蜜 蜂 鼓 采 稻 害 伤 理
因 表 惭 愧 此 每 喔 遍 催

四、《埋蛇的孩子》（15）

埋 蛇 孙 敖 次 久 死 打 挖 擦 泪 别 今 所 难

五、《骆驼和羊》（28）

骆 驼 夏 散 错 情 证 俩 围 墙 许 举 扒 肯 认 输
向 窄 模 跪 评 各 短 如 既 争 论 休

（合计126字，累计546字）

马立平课程

中 文

二年级

第三单元

编写 马立平

审定 庄　因

插图 吕　莎

一、小弟和小猫

我家有个小弟弟，
聪明又淘气。
每天爬高又爬低，
满头满脸都是泥。

妈妈叫他来洗澡，
装没听见他就跑。
爸爸拿镜子把他照，
他闭上眼睛咯咯地笑。

姐姐抱来小花猫，
拍拍爪子舔舔毛，
两眼一眯，喵喵喵，
"谁和我玩，谁把我抱？"

小弟伸出小黑手，
小猫连忙往回跳，
胡子一翘头一摇：
"不妙，不妙，
太脏，太脏，我不要！"

姐姐听见哈哈笑，
爸爸妈妈皱眉毛，
小弟听了真害臊：
"妈！妈！
小猫说我不干净，
请您快给我洗个澡！"

课 文
第二周

看图识字

起床

穿衣

吃饭

游戏

讲故事

睡觉

桌子

椅子

冰箱

窗

电灯

电脑

电视机

汽车

起床后，就穿衣，　　故事里的汽车真稀*奇，

先吃饭，再游戏。　　车上放着桌和椅。

到了晚上睡觉前，　　窗下有个小冰箱，

妈妈给我讲故事。　　还有电灯电脑电视机。

生 字 第一周

聪 淘 洗 澡 装 照 闭 咯 姐 爪 舔 眯 喵 胡 翘
妙 哈 皱 眉 燥 干 净

第二周

床 穿 饭 戏 讲 <u>觉</u> 桌 椅 窗 电 灯 冰 箱 视 机 汽

---

* 此处的"稀"字为生字，但是不要求学生掌握。

聪明 淘气 每天 爬高 爬低 满头满脸 洗澡 装 拿

镜子 照 闭上 咯咯地 姐姐 抱来 爪子 舔 一眯

喵 谁 伸出 小黑手 连忙 往回跳 胡子 一翘 一摇

不妙 太脏 哈哈 皱眉毛 害臊 (ashamed) 干净

起床　穿衣　吃饭　游戏　讲故事　睡觉　桌子

椅子　冰箱　窗　电灯　电脑　电视机　汽车

灬：照 ｜黑 燕 热 然 点

门：闭 ｜间 闪 问 闹

口：咯 喵 哈 ｜嘴 啦 咦 吹 吃 呢 喝 叫 喘 哪 嗓 叶
　　　　　　叼 唱 啊 吗 吧 哇 唉 听 告 喔 啄

女：姐 妙 ｜妈 娃 好 姨 她 如

目：眯 眉 ｜眼 睛 睡

月：臊 胡 ｜脚 朋 胖 脸 胸 脑 腿 脱 服 脏 骨
　　　　　青 肠 肚 脖 肯

氵：淘 洗 澡 汽 ｜泥 汗 淌 洋 油 治 泪 沟 河
　　　　　　　游 渴 法 满 浇 没 漂 洞 流

穴：穿 窗 ｜空 窝 突 窄

饣：饭 ｜馋 饿 饱

木：椅 机 ｜树 枝 梅 桃 棵 林 极 样 模 松

木：桌 ｜朵 亲 条 采

冫：冰 净 ｜冷 凉 次 减

竹：箱 ｜算 笑 等 竿 答 笔 第

语法点
第一周

- **"每**(every)**"和"没**(without)**"是不一样的，请填空：**

（　）天　　　（　）有　　　（　）小时　（　）个地方

（　）办法　（　）时间

我们（　）人都有许多好朋友。

这个歌太难，我们（　）人会唱。

我（　）个房间都找了，就是（　）有看见他。

我躲在一个好地方，（　）有谁能找得到我。

- **我们学过的象声词** (sound words)：　**喔　咯　喵　哈**

公鸡每天早上天不亮就**喔喔喔**地叫，一遍又一遍地催人们早起。

爸爸拿镜子把他照，他闭上眼睛**咯咯**地笑。

每天我一回到家，我的小猫就围着我**喵喵喵**地叫。

昨天晚上哥哥说了一个笑话(joke)，说得我和弟弟**哈哈**大笑。

- Some verbs can be repeated. 比如**"拍拍爪子"、"舔舔毛"**

看看	走走	听听	唱唱	想想	写写
画画	擦擦	挖挖	等等	拉拉	催催
照照	吃吃	睡睡	浇浇	玩玩	醒醒
摇摇	吹吹	找找	喝喝	做做	算算

- Put **"一"** between the repeated verb. 比如**"拍一拍"、"舔一舔"**

看一看	走一走	听一听	唱一唱	想一想	写一写
画一画	擦一擦	挖一挖	等一等	拉一拉	催一催
照一照	吃一吃	睡一睡	浇一浇	玩一玩	醒一醒
摇一摇	吹一吹	找一找	喝一喝	做一做	算一算

- Sometimes "一" is put right before a verb to indicate that the motion happens in a very short time. 比如**"两眼一眯"**、**"胡子一翘头一摇"**

一看　一走　一听　一唱　一想　一写　一画　一擦

一挖　一等　一拉　一催　一照　一吃　一睡　一浇

一玩　一醒　一摇　一吹　一找　一喝　一做　一算

- Read the following groups of sentences. Think about the subtle difference among the sentences in a group:

我**一想**，就想出了一个好办法。

想一想，你把铅笔放在哪儿了？

让我**想想**，想好了再告诉你。

小明家很近，**一走**就走到了。

天气很好，我们出去**走走**好吗？

快**醒醒**，已经七点了！

他**一醒**，就赶快起来。

听一听，这是什么声音？

我**一听**就知道是外面下雨了。

- **"气"字的用法**

别说了，再说妈妈可要**生气**了！

如果明天**天气**好的话，我们就一起出去玩。

小明的**力气**很大，请他来帮我们拿吧！

房间里怎么越来越冷，你**暖气**开了没有？

糟了，我开错了，我开的是**冷气**！

他饿极了，**一口气**吃了五个包子。

谁能去给汽车**打一打气**？

语法点

淘气	生气	天气	小气	空气
力气	暖气	冷气	打气	一口气

- **"照"字的用法**

  "照" as " to reflect":

  你脸上脏不脏，自己**照**一下镜子就知道了。

  有人说女孩子喜欢**照镜子**，你同意吗？

  "照" as " to shine":

  冬天，太阳**照**在身上真舒服。

  这里太黑了，谁用手电 (flashlight) 给我**照一照**？

  "照" as " to do something according to":

  我**照**爸爸告诉我的办法去种花，花长得很好。

  你要是自己不会做，那就**照**我的样子做吧。

  "照片" as " a photo"（**拍照** as " to take a picture"）：

  他们去加拿大玩的时候，拍了许多**照片**。

  我的爸爸喜欢**拍照**。

- **"干"字的用法**

  "干" as in **"干净"**：

  连小猫都觉得弟弟不**干净**。

  你们谁能把桌子擦**干净**？

  "干" as "dry"：

  雨早就停了，你看，地上都快**干**了！

  快来这里坐吧，这里的椅子是**干**的。

- **"装"字的用法**

  "装" as "to pretend":

  去年Halloween的时候，我弟弟**装成**米老鼠，很好玩。

  别理他，他在**装哭**呢！

  "装" as "to load, to pack":

  快把游泳衣**装**到包里去，我们就要走了！

  你的东西都**装**上汽车了吗？

  "装" as "to install":

  这电视要是**装**上天线 (antenna) 就好了。

  你的电脑里**装**了多少电子游戏？

  "装" as "outfit":

  你说我穿**西装** (suit) 好看不好看？

  天冷了，人们都换上了**冬装**。

- **"电"组成的词**

  电车 (tram)　　电池 (battery)　　电邮 (e-mail)　　电话 (telephone)

  电线 (wire)　　电影 (movie)　　电梯 (elevator)　　电扇 (electronic fan)

- **"机"组成的词**

  收音机 (radio)　　飞机　　录像机 (VCR)

  照相机 (camera)　　司机 (driver)　　直升飞机 (helicopter)

  发动机 (engine)　　耳机 (ear phone)　　手机 (cellular phone)

- **字的比较**

  气—汽　　每—梅　　咯—各　　眯—米　　喵—猫　　臊—澡

  翘—浇　　椅—奇　　装—袋　　弟—第—梯

小雨点和小鱼

下雨了，小雨点从天上落下来，落在高山上，落在草地上，落在大河里。

河里有一条淘气的小鱼。下雨的时候，他不想躲在水底下，要到水面上玩。他听见了雨声，就伸出头来，问小雨点："亲爱的朋友，你是从哪里来的？"

小雨点回答："我从天上来，我是云变成的。"

小鱼奇怪地问："真的吗？云里**难道**有水吗？"

小雨点说："是的，云里有许多小**水滴**。小**水滴**碰在一起，就变成了大**水滴**。大**水滴**越来越多，越来越重，就从天上掉下来，变成了许多小雨点，那就是我们了。"

"那么，云里的小水滴，又是从哪里来的呢？"小鱼又问。小雨点笑了笑，说："出太阳的时候，**阳光**照着河里的水，照啊，照啊，把水照热了，水就变成了**水汽**。**水汽**很轻，升到天空中。**水汽**碰到天上的冷空气，就变成了小水滴。许许多多的小**水滴**在一起，那就是云。"

小鱼听了，看了看身旁的河水，心想："要是我也能到天上去一次，那有多好！"

読一読
难道
is it possible?

认一认
水滴
water drops
比一比
摘

读一读
阳光
sun light

认一认
水汽
water vapor
比一比
气

等兔子的人

从前有一个人，种了一大片菜地。他天天到菜地里去做事，拔草啊，捉虫啊，浇水啊。他菜地里的菜长得绿油油的，路过他菜地的人，都说他的菜种得好。

一天，那人又在地里忙着。突然，有一只兔子飞快地跑来，它**一不小心**，**撞**到了菜地旁边的一个**树桩**上，撞死了。那人走过去，**捡起**了死兔子，高兴地笑着对自己说："哈哈，我一点**力气**也没有用，就**白白**得到了一只兔子，真好！让我在这**树桩**旁边等着，要是有别的兔子再**撞**到**树桩**上，我就可以再**捡起**来。"

从此，那个人不种菜了，天天坐在**树桩**旁边等兔子。可是，一直等到第二年，兔子也没有来，他菜地里的菜呢？都死了。

认一认
一不小心

认一认
撞
to run into

认一认
树桩
a stub

认一认
捡起
to pick up

读一读
力气
effort

读一读
白白
for free

课后阅读
第一周（3）

认一认
浇
water flowers

妈妈您别说我小

妈妈您别说我小，

我会穿衣会洗澡。

爸爸您别说我小，

我会自己去睡觉。

奶奶您别说我小，

我会帮您把花**浇**。

小猪变干净了

小猪喜欢在泥地上**打滚**。他满头满脸都是泥，连衣服上也都是泥。

小猪看见了小白兔，说："小白兔，我和你一起玩好吗？"

小白兔说："看你身上多脏啊！快去洗洗吧。等你洗干净了，我再和你玩。"小猪不想洗澡，只好走开了。

小猪碰见了大白鹅，说："大白鹅，我和你一起玩好吗？"大白鹅说："看你身上多脏啊！快去洗洗吧。等你洗干净了，我再和你玩。"小猪还是不想洗澡，只好又走开了。

小猪回到了家里，拿镜子一照："是啊，小白兔和大白鹅说得对，我真的**脏死了**！"

小猪来到河边，洗了一个澡，洗得干干净净的。

小白兔和大白鹅也都来了，他们高兴地说："小猪变干净了，让我们一起玩吧！"

认一认
猪

认一认
打滚
to roll

认一认
鹅

读一读
脏死了

聪明的公鸡

美丽的公鸡听了老马伯伯的话，变得越来越爱帮人们做事。他每天早晨醒得很早，喔喔喔地催人们起床。白天，他还常常到菜地里去捉害虫。

这一天，公鸡在去菜地的路上，碰见了一只狼。狼见到了公鸡，馋得口水直流，一心想要吃掉公鸡。

狼装出笑脸，走上前去对公鸡说道："亲爱的公鸡弟弟，你真漂亮！上哪里去啊？"

公鸡回答说："我上菜地捉虫去。"

狼连忙说："我也要去菜地，我们两个一起走吧！路上我来给你讲一个很好听的故事。"

公鸡听了，知道狼想吃掉自己，就**站住**说："你讲错了。谁说只有我们两个？后面还有一只大**猎狗**呢！"

狼一听**猎狗**来了，**害怕**得**不得了**，他看也不看，赶快逃走了。

读一读
站住

认一认
猎狗
a hunting dog

读一读
害怕
scared

读一读
不得了

风

小树见它摇头，
花儿见它**弯腰**，
河水见它皱眉，
云儿见它就跑。

认一认
弯腰
比一比
要

小公鸡

小公鸡，穿花衣，
花衣脏，自己洗，
公鸡洗澡不用水，
请**猜**它用什么洗？

认一认
猜
to guess

二、小壁虎借尾巴

小壁虎正在墙角捉蚊子，一条蛇咬住了他的尾巴。小壁虎用力一挣，挣断尾巴逃走了。

"没有尾巴多难看啊！"小壁虎心想，"向谁去借一条尾巴呢？让我先去找小鱼姐姐吧。"

小壁虎爬呀爬，爬到了一口池塘边。他看见小鱼摇着尾巴，正在池塘里游来游去。小壁虎说："小鱼姐姐，请把您的尾巴借给我，行吗？"小鱼说："不行啊，我要用尾巴拨水呢！"小壁虎告别了小鱼，又向前爬去。

小壁虎爬呀爬，又爬到了一棵大树上。他看见老黄牛甩着尾巴，正在树下吃草。小壁虎说："黄牛伯伯，请把您的尾巴借给我，行吗？"老黄牛说："不行啊，我要用尾巴赶牛蝇呢！"小壁虎告别了老黄牛，又向前爬去。

　　小壁虎爬呀爬，最后爬到了屋檐下。他看见燕子摆着尾巴，正在空中飞来飞去。小壁虎说："燕子阿姨，请把您的尾巴借给我，行吗？"燕子说："不行啊，我飞的时候，要用尾巴掌握方向呢！"

　　小壁虎爬累了，回到家里休息。到处都借不到尾巴，他心里很难过。小壁虎把借尾巴的事告诉了妈妈。妈妈眨了眨眼睛，笑着说："傻孩子，你转过身子看看。"小壁虎转身一看，高兴地喊起来："多有趣呀！我丢了一条旧尾巴，又长出一条新尾巴啦！"

第二课

生 字 第三周

壁 虎 借 正 角 蚊 咬 挣 断 逃 先 呀 池 塘 行. 拨 甩 蝇

第四周

檐 掌 握 累 息 眨 傻 转 喊 趣 丢 旧 新

词 汇 第三周

小壁虎　借尾巴　正在　墙角　捉蚊子　一条　蛇　咬住

用力　挣断　逃走　难看　向谁　先　爬呀爬　一口　池塘

摇着　游来游去　行　不行　拨水　告别　甩着　牛蝇

第四周

最后　屋檐 (eaves)　燕子 (swallow)　摆着　空中　飞来飞去

阿姨　掌握 (to control)　方向 (directions)　累了　休息　眨了眨

傻　转过　转身　喊起来　有趣 (interesting)　丢了　旧　新

斤：斤字旁 [axes]　断 新

氵：池 | 淘 洗 澡 泥 汗 淌 洋 油 治 泪 沟

　　　河 游 渴 法 满 浇 没 漂 洞 流 汽

虫：蚊 蝇 | 蝌 蚪 蛙 蚂 蚁 蜻 蜓 蝴 蝶 蚯 蚓 蜜 蜂 蛇

辶：逃 | 边 进 道 近 远 还 过 这 送 连 遍

土：塘 壁 | 地 块 埋 墙

彳：行 | 很 往 得

亻：借 傻 | 你 他 件 作 低 信 们 候 倒 住 做

　　　伸 伯 什 停 像 但 伤 催 俩 休

口：咬 呀 喊 | 咯 喵 哈 嘴 叶 啦 咦 吹 吃 呢 喝 叫 喘

　　　哪 叼 嗓 唱 啊 吗 吧 哇 唉 告 喔 啄 听

木：檐 | 椅 机 树 枝 梅 桃 棵 林 极 样 模 松

目：眨 | 眯 眼 睛 睡

扌：挣 拔 握 | 掉 挂 换 找 摘 扔 抱 把 捞 拉 接 抬

　　　拔 捉 挑 担 挺 拍 摇 摆 挖 擦 扒 打

走：趣 | 起 越 赶

车：转 | 轻 输

心：息 | 想 怎 您 急 意

语法点

第三周

- In Chinese, when describing an event, people put the main event(predicate) at the end of the sentence. In other words, the modifiers of the predicate are put before the predicate. In English, however, people put the main event right after the subject. The modifiers are put after the predicate.

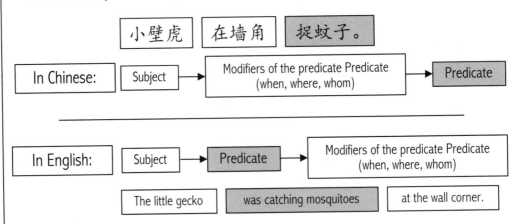

- **改错**:(Put the correct order number in the circle under the part of the sentences to make them correct.) Read the corrected sentences loudly.

Where:

我们　做游戏　在家里。
○　　○　　○

他们　喜欢　玩　在山上。
○　　○　　○

猴子们　想　捞月亮　从井里。
○　　○　　○　　○

种子　钻出来　从土里。
○　　○　　○

Whom:

小壁虎　借尾巴　向小鱼姐姐。
○　　○　　○

我　借铅笔　向我的好朋友。
○　　○　　○

小明　得到一个电子游戏机　从他爸爸那里。
○　　○　　○

你在　说话　对我们　吗?
○　　○　　○　　○

- As for the part of "when", in Chinese, it can go either before the subject or before the main event. However, the "when" part never goes at the end of a sentence:

明天早上我们去钓鱼。

(The part of "when" goes before the subject, RIGHT!)

我们明天早上去钓鱼。

(The part of "when" goes before the main event, RIGHT!)

我们去钓鱼明天早上。

(The part of "when" goes at the end of sentence, WRONG!)

- 改错：(Put the correct order number in the circle under the part of the sentences to make them correct.） Read the corrected sentences loudly.

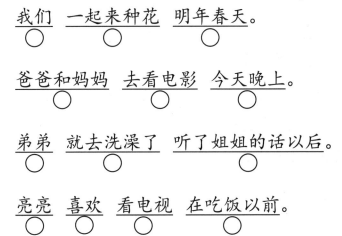

我们　一起来种花　明年春天。
○　　　○　　　　○

爸爸和妈妈　去看电影　今天晚上。
○　　　　　○　　　　○

弟弟　就去洗澡了　听了姐姐的话以后。
○　　　○　　　　○

亮亮　喜欢　看电视　在吃饭以前。
○　　　○　　　○　　　○

- We use "正" to emphasize, to put access on the very (certain) event:

小壁虎在捉蚊子，小鱼在游水，老牛在吃草。

小壁虎**正**在捉蚊子，小**鱼正**在游水，老牛**正**在吃草。

天下着雨呢。

天**正**下着雨呢。

这是我要找的东西。

这**正**是我要找的东西。

语法点

- **多音字"行"**

  "行" as "can":

  小明，帮妈妈拿着这包东西，**行**吗？

  行！您放心吧！

  "行" as "line, row":

  我写了三**行**字，他写了四**行**字。

  这张画的下面，还有一**行**小字。

  "行" in **"银行"** (bank):

  我家的对面就是**银行**。

  银行不是小孩子玩的地方。

- **"先"字的用法**

  "先" as "early, before, or first":

  请告诉我，你们三个谁最**先**到，谁第二到，谁最后到？

  他比我**先**来，我比他后来。

  "先" in **"先生"** (Mister/Sir):

  张**先生**，您好！请坐。

  先生，这是您的狗吗？

- **"摆"字的用法**

  "摆" as "to swing, to wave":

  公鸡听了，大摇大**摆**地走了。

  燕子**摆**着尾巴，在空中飞来飞去。

  "摆" as **"放** (to put, to place)**":**

  桌上**摆**着花，门口**摆**着花，窗下也**摆**着花。

  对不起，我们多来了一个人，请在这里再**摆**一张椅子好吗？

- **反义词** (antonyms):

新—旧	加—减	黑—白	小—大
上—下	笑—哭	好—坏*	冷—热
弯—直	穿—脱	种—收	凉—暖
高—低	慢—快	饿—饱	睡—醒
重—轻	错—对	短—长	借—还

- We use **"呢"** to make a sentence sound more soft and indirect:

"不行啊，我要用尾巴拨水！"

"不行啊，我要用尾巴拨水**呢**！"

"是谁躲在这里？"

"是谁躲在这里**呢**？"

这只小狗是从哪里跑来的？

这只小狗是从哪里跑来的**呢**？

- **字的比较**

蚊—文	甩—用	正—整—证	逃—桃—跳
呀—牙	咦—姨	池—也—地	争—挣—睁
转—专	借—错	喊—减—咸	爬—把—爸—吧
掌—常			

---

* 此处的"坏"字是一个生字，但是华裔学生一般知道这个字的含义。

认一认
猫头鹰
比一比
鸟

认一认
休息

认一认
先生

认一认
搬家

认一认
改变
to change

猫头鹰搬家

一只**猫头鹰**向着东方飞啊飞啊，飞了很久，就站在一棵树上**休息**。这时候，树上有一只麻雀也正在**休息**。

麻雀问："**猫头鹰先生**，您上哪儿去呀？"

猫头鹰说："我想搬到东边去住。"

麻雀问："那是为什么？"

猫头鹰回答说："西边的人，都说我的声音难听，都不喜欢我。我在那儿住不下去了，所以要搬到东边去！"

麻雀说："**搬家**？**搬家**就行了吗？我看啊，你搬到哪里去都没有用！"

猫头鹰听了很生气，说："我还没有搬去，你怎么知道没有用呢？"

麻雀说："你想，如果不**改变**你的声音，东边的人也一样会不喜欢你的！那么，**搬家**又有什么用呢？"

狮子和老鼠

一只**狮子**正在洞里睡觉，睡得很舒服。一只淘气的小老鼠跳到了**狮子**的床上，把他**吵醒**了。**狮子**很生气，伸出爪子抓住了老鼠，要把他一口吃到肚子里去。老鼠连忙说："**狮子**大王，请您放了我吧。您放了我，以后我可以**帮助**您的。"

狮子听了老鼠的话，觉得很好笑，就把老鼠放了。

过了一些日子，有一天，**狮子**被**猎人**的**大网**网住了，怎么跳也跳不出去，急得大声叫起来。老鼠听见狮子的叫声，赶忙跑过来。老鼠很快把网**绳**咬断，**狮子**就从网里钻出来了。

狮子对老鼠说："谢谢你，没想到你真的能**帮助**我。"

老鼠说："不用谢。我以前说的话，现在做到了。"

老鼠虽然小，可是也能**帮助**大狮子。

认一认
狮子

认一认
吵醒

认一认
帮助
to help

认一认
猎人
hunter

认一认
大网
big net

认一认
绳
rope
比一比
蝇

课后阅读
第三周（3）

认一认

翅膀
wing

对 歌

谁会飞？
鸟会飞。
鸟儿怎样飞？
拍拍**翅膀**向前飞。

谁会游？
鱼会游。
鱼儿怎样游？
摆摆尾巴摇摇头。

谁会跳？
兔会跳。
兔子怎样跳？
前腿蹦蹦后腿跳。

谁会爬？
虫会爬。
虫子怎样爬？
六条腿儿慢慢爬。

借耳朵（上）

天刚亮，小公鸡就起床了。咦，不知是怎么回事，这几天眼睛看**远处**的东西老是看不见。小公鸡去找啄木鸟医生。啄木鸟医生告诉小公鸡，要是**戴**上眼镜，就能看见**远处**的东西了。

小公鸡听了医生的话，很高兴。可是又一想："糟了，人**戴**眼镜，是挂在耳朵上的；我的耳朵只有两个小洞洞，有了眼镜，往哪里挂呢？对，有了，谁不**戴**眼镜，我就去找他借耳朵用用吧。"

小公鸡先找到小狗。小狗说："借耳朵可不行。我听得到四面八方的声音，是因为我的耳朵能**转换**方向，你想，我怎么能把它们借给别人呢？"小公鸡听了，只好走开了。

小公鸡看见**蝙蝠**的耳朵很大，就去向蝙蝠借耳朵。**蝙蝠**说："不行，不行，我的耳朵**用处**可大了。我的眼睛不好，在外面飞的时候，我嘴里发出一种声音，声音要是碰到了东西，就会**折回来**；耳朵听到了**折回来**的声音，就知道那里有东西。要是没有耳朵呀，我飞出去就会在屋檐上撞死！我怎么能把它们借给别人呢？"小公鸡听了，只好又走开了。

读一读
远处

认一认
戴
to wear

读一读
转换

认一认
蝙蝠
a bat

读一读
用处

认一认
折回
to return

课后阅读
第四周（2）

借耳朵（下）

一只小松鼠跳到小公鸡面前，小公鸡连忙向小松鼠借耳朵。小松鼠摇摇头说："对不起，我的耳朵不能借给你。我整天在树上跳来跳去，要用耳朵给眼睛**挡着**树枝树叶呢！"

天快黑了。小公鸡跑了一天，也没有借到耳朵。他又急又累，坐下来休息。

突然，从地下钻出了一只小**鼹鼠**。小公鸡又向**鼹鼠**借耳朵。**鼹鼠**笑了，说："如果我有耳朵，我马上借给你。可是你看看！"小公鸡一看，**鼹鼠**和自己一样，也没有耳朵。**鼹鼠**说："我整天在地洞里钻，有了耳朵多不**方便**！"小公鸡说："唉，借不到耳朵，我怎么能戴眼镜呢？"**鼹鼠**问："你为什么不用一根**绳子**，把眼镜**绑住**呢？"

小公鸡一听，说："这倒是个好办法。谢谢你，**小鼹鼠**！"他找来一根**绳子**，把眼镜绑在**后脑**上。这一下，远处的东西也能看见了，小公鸡可高兴了。

认一认
挡着
to keep off
比一比
当

认一认
鼹鼠
a mole

认一认
方便
convenient

认一认
绳子
rope, string

认一认
绑住
to tie up

读一读
后脑

小蚂蚁真有趣

小蚂蚁，

真有趣，

见面碰碰小须须。

你碰我，

我碰你，

告诉一个好消息！

快快来，

快快来，

大家去抬一粒米。

认一认
须须

认一认
消息
news

三、植物妈妈有办法

孩子如果已经长大，
就得告别妈妈，四海为家。
牛马有脚，鸟有翅膀，
植物靠的是什么办法？

蒲公英妈妈准备了降落伞，
把它送给自己的娃娃。
只要微风轻轻一吹，
孩子们就纷纷出发。

苍耳妈妈给它的孩子，
穿上带刺的衣裳。
只要挂住动物的皮毛，
孩子们就走遍天下。

石榴妈妈的胆子真大，
它不怕小鸟吃掉娃娃。
只要在鸟肚子里睡上一觉，
就会钻出来找到新家。

豌豆妈妈更有办法，
它让豆荚晒在太阳底下。
啪的一声豆荚炸开，
孩子们就蹦跳着离开妈妈。

植物妈妈的办法很多很多，
不信你就仔仔细细地观察。
那里有许许多多的知识，
粗心的小朋友却得不到它。

植 物 海 翅 膀 靠 蒲 英 准 备 降 微 纷 发 苍 带 刺

榴 胆 豌 豆 更 荚 晒 啪 炸 离 仔 观 察 识 粗 却 <u>得</u>

词 汇 <small>第五周</small>

植物　办法　如果　已经　长大　就得　告别　四海为家　脚

翅膀　靠　蒲公英　准备　降落伞　送给　微风　纷纷　出发

苍耳　穿上　带刺　衣裳　挂住　动物　皮毛　走遍　天下

<small>第六周</small>

石榴　胆子　不怕　钻出来　新家　豌豆　更有　豆荚

晒在　啪　炸开　离开　不信　仔仔细细　观察　许许多多

知识　粗心　却　得不到

表意部首
（Meaning Clue）
<small>第五周</small>

牛：牛字旁 [a cow]　　物

氵：海 | 池 淘 洗 澡 汽 泥 汗 淌 洋 油 治 泪
　　　　　沟 河 游 渴 法 满 浇 没 漂 洞 流

阝：降 | 阿 阳 那 哪 都

彳：微 | 行 很 往 得

纟：纷 | 红 绿 线 细 给 经

冫：准 | 冰 净 冷 凉 次 减

刂：刺 | 到 倒 刚 别 剩

艹：蒲 英 苍 荚 | 蓝 葡 萄 花 萝 落 藏 草 菜

<small>第六周</small>

木：植 榴 | 檐 椅 机 树 枝 梅 桃 棵 林 极 样 模 松

月：膀 胆 | 臊 胡 脚 朋 胖 脸 胸 脑 腿
　　　　　脱 服 脏 骨 青 肠 肚 脖 肯

日：晒 | 时 明 晚 阳 最 早 晨 星

口：啪 | 咬 呀 喊 咯 喵 哈 嘴 啦 咦 吹 吃 呢 喝 叫 叶
　　　　　喘 哪 叼 嗓 唱 啊 吗 吧 哇 唉 告 喔 啄 听

亻：仔 | 借 傻 你 他 件 作 低 信 们 候 倒 做
　　　　　住 伸 伯 什 停 像 但 伤 催 俩 休

宀：察 ｜ 家 完 宝 字 害 蜜

讠：识 ｜ 讲 请 说 谢 话 谁 诉 让 谜 语 证 许 认 评 论

米：粗 ｜ 糟 粒

卩：却 ｜ 印 脚

- **"物"字的用法**

  大海里有很多宝物。

  那个电影里的怪物很可怕！

  妈妈送给我的礼物我非常喜欢。

  你写的故事里有几个人物？

  植物 (plants)　动物 (animals)　生物 (organisms)　微生物 (microorganism)

  礼物 (gifts)　怪物 (monster)　宝物 (treasure)　人物 (characters in a play)

- **"住"字的用法**

  出发的时候，请**记住**带上游泳衣！

  她的话还没说完，我就**忍不住**笑起来了。

  医生说："很快就好了，**忍住**别动！"

  咬住　拉住　　停住　　站住　　拿住　　捉住

  抱住　挂住　　记住 (to remember)　　忍不住 (cannot resist)

- **"遍"字的用法**

  "遍" as "everywhere"：

  只要挂住动物的皮毛，孩子们就**走遍**天下。

  春天来了，**遍地**的青草都长出来了。

  "遍" as "times"：

  公鸡每天天不亮就喔喔喔地叫，**一遍又一遍**地催人们早起。

  那个电影我已经看过**三遍**了，可是还想看。

- **"如果……就……"**

  孩子**如果**已经长大，**就**得告别妈妈，"四海为家"。

  电视**如果**看得太多，**眼睛就**会看坏。

  如果我会爬树，我**就**爬到树上去和小鸟说话。

语法点
第六周

- **只要……就……**

  只要微风轻轻一吹，孩子们**就**纷纷出发。

  只要给我装上翅膀，我**就**能飞到天上去。

  他**只要**一上床，**就**会很快睡着。

- **多音字"得"**

  "**得**" as "have to":

  对不起，我**得**走了。

  这张桌子坏了，**得**换新的了。

  天快下雨了，你出去**得**带着伞。

  我们太累了，**得**休息一下了。

  "**得**" as "to get":

  生日的那天，小明**得到**了两件礼物。

  妈妈，告诉你，我**得**了"A+"！

  蒲公英的种子**得到**妈妈给的降落伞。

  "**得**" as a particle:

  风把蒲公英的种子吹起来，它们**飞得很高**。

  你的歌**唱得真**好，我们都爱听。

  别看我弟弟小，他**聪明得很**呢！

- **"信"字的用法**

  "**信**" as "a letter":

  今天我姐姐收到一封**信**。

  妈妈在给爸爸写**回信**呢！

  "**信**" as "to trust, to believe":

  不信，你就仔仔细细地观察。

  你说的话，我都**信**。

- "却"、"但是"、"可是"

"却"、"但是"、"可是" are of same meaning, but their locations in a sentence are different. "却" goes right before a verb, but never at the beginning of a sentence, while "但是" and "可是" usually go at the beginning of a sentence:

我们准备出去玩，**可是**，天下起雨来了。(Right!)

我们准备出去玩，**但是**，天下起雨来了。(Right!)

我们准备出去玩，**却**天下起雨来了。(Wrong!)

我们准备出去玩，天**却**下起雨来了。(Right!)

- Some of Chinese adjectives can be repeated in the following way:

仔细：仔仔细细   许多：许许多多

高兴：高高兴兴   干净：干干净净

热闹：热热闹闹   欢喜：欢欢喜喜

漂亮：漂漂亮亮   摇摆：摇摇摆摆

暖和：暖暖和和

However, you cannot repeat all adjectives. For example, while people say "漂漂亮亮"， they don't say "美美丽丽"。 Similarly, while people say "许许多多"，they don't say "很很多多" 。

- 字的比较

植—直   膀—旁   靠—告   啪—拍   榴—留

却—脚   胆—但   炸—怎   翅—翘   海—每—梅

课后阅读

第五周（1）

读一读
变了样

读一读
喜鹊
比一比
鸟

读一读
过冬
to pass winter

认一认
干草
dry grass

动物过冬（上）

　　早晨，小蚂蚁来到树林里找吃的。树林里**变了样**，满地是落叶。风吹过来，他觉得有点儿冷。树林里静静的，一点儿声音也没有。朋友们都到哪里去了呢？

　　小蚂蚁突然听到鸟的叫声。他抬头一看，有一只**喜鹊**站在树枝上。小蚂蚁喊道："**喜鹊**你好！你知道燕子姐姐到哪里去了？"**喜鹊**说："天冷了，她们到南方**过冬**去了，明年春天，她们还会回来的。"

　　小蚂蚁问："那你呢，你也要去吗？"**喜鹊**说："我不去，我在窝里放上许多**干草**，暖暖和和的，就在这里过冬。"

　　青蛙听见小蚂蚁和**喜鹊**说话的声音，从池塘里跳了出来，说："小蚂蚁，我正想找你，和你告别。"

　　小蚂蚁问："怎么？你也要到南方去？"

　　青蛙说："不，我要睡觉去。"

动物过冬（下）

小蚂蚁看看天，太阳还没有**升高**呢，就奇怪地问青蛙："你怎么啦？太阳刚升起来，你又要睡啦？" 青蛙说："我要冬眠了。整个冬天，我们青蛙都睡在洞里，不吃也不动，到明年春天再出来。你不知道吧，还有一些别的动物，**熊**啦，蛇啦，都要**冬眠**的。**熊**妈妈还在**冬眠**的时候生小熊呢！"

青蛙一边说，一边用脚挖土，**一会儿**就挖好了一个洞。青蛙对蚂蚁说："你看，冬天住在这洞里，既不怕风，又不怕雪，暖暖和和的，真舒服。"小蚂蚁走过去一看，真的，洞挖得多好啊！

小蚂蚁想，"我也要准备过冬吃的东西了。"他找到一只小虫，就往家里拉。

读一读
升高

认一认
冬眠
to hibernate
比一比
睡

认一认
熊
比一比
能

读一读
一会儿

种 西 瓜

<table>
<tr><td>

认一认
发芽
to sprout
比一比
呀

</td></tr>
<tr><td>

认一认
撒
to scatter

</td></tr>
<tr><td>

读一读
一把
a handful of

</td></tr>
<tr><td>

读一读
泥巴
mud

</td></tr>
<tr><td>

认一认
甜
sweet

</td></tr>
<tr><td>

认一认
苗
a seedling
比一比
**喵
猫**

</td></tr>
</table>

大西瓜，大西瓜，
生了很多黑娃娃。

黑娃娃，黑娃娃，
我给它们找个家。

屋前**撒**一把，
屋后**撒**一把，
路边**撒**一把，
树下**撒**一把。

黑娃娃，黑娃娃，
钻进**泥巴**，

发了小**芽**，
长成绿**苗**，
开出黄花，
哈哈，

长成许多大西瓜！
屋前，屋后，
路边，树下，
都是西瓜。

谁爱吃瓜快快来，
大西瓜，可**甜**啦！

要下雨了

　　小白兔穿着新衣服在外面玩。一群燕子从他头上飞过。小白兔大声喊："燕子，燕子，你为什么飞得这么低呀？"

　　燕子边飞边说："要下雨了。空气很**湿**。空气里的**小水滴**落在虫子的翅膀上，虫子就飞不高。我们正忙着捉虫子呢！"

　　池塘里的小鱼跳出了水面，对小白兔说："真的要下雨了！小白兔，你快回家吧，小心**淋湿**了你的新衣服。"小白兔一转身，看见一群蚂蚁正在往高处去。小白兔问："蚂蚁，蚂蚁，你们为什么**搬家**呀？"

　　蚂蚁边走边说："要下雨了。我们要把家搬到高处去。

　　小白兔听了，急忙往家里跑。他一边跑一边喊："妈妈，妈妈，要下雨了！"

　　小白兔刚到家，大雨真的下起来了！

认一认
湿
wet

认一认
水滴
water drops

认一认
淋湿
比一比
林

认一认
搬家

课后阅读
第六周（2）

认一认
爷爷

读一读
胆小
timid

读一读
大胆
brave

读一读
马路

爷爷胆小

亮亮对**爷爷**说："**爷爷**，您真**胆小**！"

爷爷说："什么？你说我**胆小**？从小长到大，大家可都说我**大胆**！"

亮亮说："您**大胆**吗？您连过**马路**都怕呢！"

爷爷更奇怪了："什么？我怕过**马路**？"

亮亮说："是啊！我们每次过**马路**的时候，您都拉住我的手不放！"

比耳朵

谁的耳朵长？
谁的耳朵短？
谁的耳朵**遮着**脸？

兔的耳朵长，
马的耳朵短，
大象的耳朵**遮着**脸。

认一认
遮着
to cover

认一认
大象

谁的耳朵尖？
谁的耳朵圆？
谁的耳朵听得远？

猫的耳朵尖，
熊的耳朵圆，
狗的耳朵听得远。

四、铁棒磨成针

从前有一个孩子，名字叫李白。李白学习很不认真，碰到一点点困难，就不想学下去。所以，他读书进步很慢。

有一次上课的时候，李白又从教室里溜到外面去玩。他走到一条小河边，看见一位白发苍苍的老奶奶，正在一块大石头上磨一根铁棒。李白觉得很奇怪，就上前去问道："老奶奶，您磨这根铁棒干什么？"

老奶奶回答说："做针。"李白更加奇怪了："做针？这又粗又硬的铁棒，怎么能磨成又细又小的针呢？"

老奶奶说："能，一定能。我今天磨，明天磨，每天不停地磨下去。总有一天，这根铁棒会磨成针的。孩子，你说是不是啊？"

李白听了老奶奶的话，明白了一个道理："是啊，只要有决心，不断地认真做下去，再难的事情也可以做成。我学习上的一点点困难，又算得了什么呢？"

从那时候开始，李白认真学习，进步很快。后来，他成了一位伟大的诗人。很多小朋友会念的一首诗："床前明月光，疑是地上霜，举头望明月，低头思故乡"，就是李白写的。

铁 棒 磨 针 名 李 学 习 困 读 书
课 教 室 溜 根 发 奶 位 干 硬
定 总 决 始 伟 诗 念 首 疑 霜 望 思 乡

第四课

词汇 第七周

铁棒 磨成 针 名字 李白 学习 认真 碰到 一点点
困难 (difficulty) 所以 读书 进步 上课 教室 溜到 外面
玩 一位 白发苍苍 老奶奶 正在 一块 一根 觉得
干什么 更加 粗 硬 怎么能 又细又小

第八周

一定 今天 明天 不停 总有 是不是 明白 道理 只要
决心 (determination) 不断地 再难 事情 做成 算得了 开始
伟大 诗人 会念 一首 诗 床前 明月光 疑是 霜
举头 望明月 低头 思故乡

表意部首
（Meaning Clue）
第七周

钅：铁 针 | 钻 镜 钓 铅 错
木：棒 根 | 植 榴 檐 椅 机 树 枝 梅 桃 棵 林 极 样 模
囗：困 | 圆 回 图 园 因 围
攵：教 | 放 收 故 敕 散
氵：溜 | 海 池 淘 洗 澡 泥 汽 汗 淌 洋 油 治
　　　　　泪 沟 河 游 渴 法 满 浇 没 漂 洞 流
石：硬 | 碰

第八周

讠：读 课 诗 | 识 讲 请 说 谢 话 谁 诉 让
　　　　　谜 语 证 许 认 评 论
宀：室 定 | 察 家 完 宝 字 害 蜜
女：奶 始 | 姐 妈 娃 好 姨 她 如 妙
亻：位 伟 | 仔 借 傻 你 他 件 作 低 信 们 候 倒
　　　　　住 伸 伯 什 停 像 但 伤 催 俩 休
心：念 思 总 | 想 怎 您 急 意 息
雨：霜 | 雪

- **"成"字的用法**

  "成" as "to become, to turn into":

  老奶奶要把铁棒**磨成**针。

  你怎么把老虎**画成**了狗的样子？

  小蝌蚪长大了，**变成**了小青蛙。

  才几年的时间，小马就**长成**了大马。

  "成" as "to accomplish, to complete":

  你先走吧，我们**完成**了作业就回家。

  这件事情只要三个人就能**完成**。

- **"认"字的用法**

  妈妈告诉我，做什么事情都得要**认真**才能做好。

  羊和骆驼谁也不肯**认输**。

  我如果知道是自己错了，就马上**认错**。

  这个人我**认识**，他是我爸爸的朋友。

  爸爸**认为**，学习中文要多认字。

  认真　　认输　　认错　　认识　　认为　　认字

- **"更"和"更加"** have the same meaning , but **"更加"** is stronger :

  李白**更**奇怪了："做针？这铁棒，怎么能磨成针呢？"

  李白**更加**奇怪了："做针？这铁棒，怎么能磨成针呢？"

  豌豆妈**更**有办法，她让豆荚晒在太阳底下。

  豌豆妈**更加**有办法，她让豆荚晒在太阳底下。

- **"进"字的用法**

  "进步" as "improvement, to improve":

  最近小明游泳**进步**很快。

  我写信告诉奶奶，说我中文学习有很大的**进步**。

  奶奶问我，学习**进步**快，靠的是什么好办法？

  我说："学习**进步**快，靠的是'认真'。"

  "进步" cannot be used as a transitive verb. In other words, if you say："我要**进步**我的英文"，or，"我要**进步**我的中文"，then that will be wrong.

  "进" as "to enter":

  千条线，万条线，**掉进**水里都不见。

  谁啊？**请进**！

  天黑了，我们**进屋**去吧。

- **又……又……**

  又粗又硬　　　又细又小　　　又高又大

  又白又胖　　　又快又好

  在括号里填上适当的词：

  （铁棒）又粗又硬（　　）又白又胖

  （　　）又细又小（　　）又快又好

  （　　）又高又大（　　）又新又亮

- **多音字"干"**

  "干" as "to do, to work":

  李白问道："老奶奶，您磨这根铁棒**干**什么？"

  这件事情是谁**干**的？ (Who did that?)

  "干" as "dry" and as in **"干净"**:

  你看，我的手是**干**的，也是**干净**的。

- **多音字"了"**

  "了" in **"不得了" "了不起"**:

  爸爸要带弟弟去动物园看老虎，弟弟高兴得**不得**了。

  他真了**不起**，跑了整整一个小时了，还不停下来休息。

- **"再"字的用法**

  "再" as "once more, again"：

  我这次没做好，请让我**再来一次**好吗？

  今天上课就上到这里，我们明天**再见**！

  你的铅笔用完了吗？我**再**给你一支！

  "再" as "then"：

  别急，别急，你有什么话，先坐下**再**说。

  刚下过雨，我们过两天**再**去山上吧。

  你先在家休息，等病好了**再**上学吧！

  "再……也……" and **"再也"** for adding emphasis：

  只要有决心，**再**难的事情**也**可以做成。

  我饿坏了，**再**多的东西我**也**吃得下。

  你跑得**再**快，**也**比不上汽车呀！

  只要能把事情做好，**再**累我**也**不怕。

  这东西太难吃了，我**再也**不想吃了！

  李白听了老奶奶的话，**再也**不从教室里溜出去玩了。

语法点
第八周

- **"明"字的用法**

  "明白" as "clear":

  我的话你听**明**白了吗？

  我**明明**把书放在桌上的，怎么一下子就不见了呢？

  "明" as "bright":

  床前**明**月光，疑是地上霜。

  种子从泥土里钻出来一看：啊，好一个**光明**的世界！

- **"的"** and **"地"**

  "的" links an adjective to modify a noun:

  上课的时候　　学习上的困难　　白发苍苍的老奶奶

  老奶奶的话　　又细又小的针　　又粗又硬的铁棒

  伟大的诗人　　小朋友会念的诗　　许许多多的知识

  自己的娃娃

  "地" links an adverb to modify a verb :

  不停地磨下去　　不断地做下去　　仔仔细细地观察

  高兴地喊起来　　闭上眼睛咯咯地笑　　蹦蹦跳跳地走了

- **字的比较**

  伟—围　　奶—扔　　课—棵—颗　　溜—榴—留

  根—很　　硬—更　　首—道

  学—觉　　困—因　　室—宝　　明—名—各

醒 来 了

"轰隆隆……轰隆隆……"打雷了。树林里的小动物们，听了心里真害怕。美丽的春姑娘轻轻地走来了，她微笑着对大家说："别害怕，别害怕，这是雷伯伯在喊冬眠的动物起床呢！"

听春姑娘这么一说，小动物们就高兴起来了。乌鸦太太和蚂蚁准备去看看冬眠的朋友们醒了没有。他们来到了池塘边，远远就看见小青蛙坐在那里。乌鸦大声叫道："青蛙弟弟，好久没有见到你了！"

"是啊，我睡了整整一个冬天，如果不是雷伯伯喊我，我现在还没醒呢！"

青蛙正说着，蚂蚁又喊起来："你们看，小刺猬也醒了！小刺猬，你好啊！整个冬天你都睡得好吗？""好，好极了！刚才雷伯伯一叫，我就醒了。我们去找小熊吧，不知道他醒来了没有？"

他们来到了小熊睡觉的洞口，里面静静的。突然，洞里有了一点声音，小熊从洞里爬出来了！小熊一出来，眯着眼睛大叫："太亮了！太亮了！我的眼睛都睁不开了！"

乌鸦说："因为你睡在洞里，洞里很黑，你刚出来就觉得太阳光太亮，只要过一会儿，就会好的。"小熊在洞前走了走，觉得舒服多了，眼睛也睁得开了。他和大家一起玩起来，他们一会儿跑，一会儿跳，一直玩到太阳下山。

认一认
轰隆隆

认一认
雷
thunder
比一比
雪

认一认
冬眠
to hibernate

认一认
刺猬

认一认
睁
to open eyes

认一认

苹果

apple

读一读

皱眉毛

读一读

眨眼睛

吃 苹 果

老师问小明："小明，桌上有三个**苹果**，如果你吃掉了一个，那么，还有几个**苹果**？"

小明回答说："这有什么难的，还有三个！"

老师皱了**皱眉毛**："小明，请你再想一想，怎么还会有三个呢？"

小明眨了**眨眼睛**，说："怎么不是三个呢？两个**苹果**在桌上，一个**苹果**在我肚子里啊！"

我要自己飞

蒲公英娃娃，
要去外婆家。
竹叶说：
我给你作船。
蝈蝈说：
我给你作马。
小鸟说：
我给你开飞机。
小朋友说：
我把你一直送到外婆家。
蒲公英说：
我要自己飞，
飞得高，飞得快，
和风伯伯一起唱着歌，
多快乐！

课后阅读
第七周（3）

读一读
蒲公英

读一读
外婆

认一认
蝈蝈

读一读
飞机
比一比
几

老鼠偷蛋

　　夜晚，月光把满屋子照得亮亮的。人们都睡下了，一只小老鼠从洞里伸出头来。它东看看，西看看，看见桌上放着一个**鸡蛋**。不一会儿，小老鼠轻轻地从洞里钻出来，身后还跟着一只大老鼠。

　　两只老鼠飞快地爬到桌子上。大老鼠用肚子和四只脚把**鸡蛋**抱住，**翻**了一个**身**，睡在桌子上，尾巴向上翘起来。这时，小老鼠马上咬住大老鼠的尾巴，把它一步一步往外拉，眼看就拉到了桌子边上。

　　它们怎么下得去呢？只见小老鼠咬着大老鼠的尾巴，用力一甩，大老鼠就掉下去了！在**空中**，大老鼠的四只脚还是抱着**鸡蛋**，一点也没有松开！

　　大老鼠的**身体**先碰到地，掉在地上，**鸡蛋**没有**碎**！小老鼠跟着跳下来，又一口咬住大老鼠的尾巴，把**鸡蛋**拉回洞里去了。

认一认
偷
to steal

认一认
鸡蛋
an egg

认一认
翻身
to turn over

读一读
空中

认一认
身体
body

认一认
碎
broken

从墙里"跑"来的光

两千多年以前，有一个小朋友，他家里很**穷**，却很喜欢读书学习。他最喜欢的事，就是向别人**借书**来读。

可是，因为他白天要帮家里做事，常常要到晚上才能有时间看书。家里没有**灯**，他只好在月光下读书。要是晚上没有月光，他就不能读书了。

有一天晚上，又没有月光了。不能读书，他就睡在床上，想以前读过的书。想着想着，突然，他看到床边**墙上**有一点亮光。这是怎么回事？他连忙下床，看见那里有一个小洞，墙那边的人家的**灯**光，从小洞里"跑"了过来。他发现洞口的亮光更多，马上拿来书打开一看，书上的字可以看得见呢！

这个爱读书的孩子，就在那个洞口认真地读起书来。从那时开始，他每天晚上在从墙里"跑"来的光下读书，学到许多知识。

认一认
穷
poor

读一读
借书

读一读
灯
a lamp

读一读
墙上
on the wall

认一认
蘑菇
mushroom

认一认
干啥
for what

读一读
块
a piece of

认一认
梨
pears

认一认
年
a year

认一认
荒地
wasteland

小蘑菇

小蘑菇，你真傻，

太阳，没晒，

大雨，没下，

你老是打着小伞，

干啥？

屋后的地

屋子后面有**块**地，

大家准备种东西。

公鸡说，种西瓜。

鸭子说，种玉米。

兔子说，种萝卜。

猴子说，种黄**梨**。

年年月月，争来争去，

直到现在，还是**荒地**。

一、说一说本学期学的表意部首(Meaning Clues) 的中文名称
和英文意义，并在括号里写出一个例字：

1、斤 （　　） 2、牛 （　　）

二、说一说一年级和上学期学的表意部首(Meaning Clues) 的
中文名称和英文意义，并在括号里写出一个例字：

1、纟 （　　） 2、雨 （　　） 3、辶 （　　）
4、亻 （　　） 5、女 （　　） 6、钅 （　　）
7、竹 （　　） 8、目 （　　） 9、阝 （　　）
10、扌 （　　） 11、月 （　　） 12、艹 （　　）
13、衣 （　　） 14、日 （　　） 15、虫 （　　）
16、口 （　　） 17、灬 （　　） 18、礻 （　　）
19、身 （　　） 20、小 （　　） 21、门 （　　）
22、鸟 （　　） 23、木 （　　） 24、木 （　　）
25、讠 （　　） 26、犭 （　　） 27、禾 （　　）
28、冂 （　　） 29、阝 （　　） 30、彳 （　　）
31、心 （　　） 32、刂 （　　） 33、土 （　　）
34、攵 （　　） 35、氵 （　　） 36、冫 （　　）
37、宀 （　　） 38、女 （　　） 39、足 （　　）
40、王 （　　） 41、卩 （　　） 42、走 （　　）
43、日 （　　） 44、忄 （　　） 45、口 （　　）
46、穴 （　　） 47、立 （　　） 48、弓 （　　）

49、米 （　） 　　50、石 （　） 　　51、钅 （　）

52、勹 （　） 　　53、力 （　） 　　54、孑 （　）

55、车 （　） 　　56、酉 （　） 　　57、矢 （　）

58、疒 （　） 　　59、宀 （　）

三、读一读这学期学的字词：

人
（People）

姐姐　奶奶

事 物
（Things）

胡子　爪子　桌子　椅子　窗　电　电灯　冰箱　电脑　计算机
角　墙角　池塘　屋檐　海　翅膀　降落伞　刺　胆子　知识
铁　铁棒　名字　针　教室　白发　诗　霜　故乡

植 物
（Plants）

植物　蒲公英　苍耳　石榴　豌豆　豆荚

动 物
（Animals）

动物　壁虎　蚊子　牛蝇　蛇　鱼　牛　燕子　小鸟

洗 洗澡 装 照 闭 舔 翘 眯眼睛 皱眉毛 穿 穿衣 起床 吃饭 睡觉 做游戏 讲 讲故事 借 捉蚊子 咬 挣 挣断 逃 拔 甩 掌握 握 休息 眨 转 转身 喊 丢 靠 准备 出发 离开 带 晒 炸 观察 得到 磨 学习 读书 上课 溜 干 明白 开始 念 疑 望 思	**动 词** （Verbs）
聪明 淘气 妙 害臊 干净 断 累 傻 有趣 旧 新 粗心 困难 有名 硬 伟大	**形容词** （Adjectives）
咯 喵 哈 啪	**象声词** （Sounds）
位 根 首	**量 词** （Measure words）
行 更 却 一定 总 决心 呀	**其 他** （Others）

Meaning Clues 字表

Meaning Clues	本单元生字	以前学的生字
斤	断 新	
牛	物	
纟	纷	红 绿 线 细 给 经
雨	霜	雪
辶	逃	边 还 进 道 近 远 过 这 追 连 送 遍
亻	借 傻 仔 位 伟	你 做 他 件 作 低 信 们 候 倒 住 伸 伯 什 但 停 像 伤 催 俩 休
女	姐 妙 奶 始	妈 好 娃 姨 她 如
钅	铁 针	钻 镜 钓 铅 错
竹	箱	算 笑 等 竿 答 笔 第
目		看 着
目	眯 眉 眨	眼 睛 睡
扌	挣 拔 握	掉 挂 换 把 找 摘 扔 抱 捞 拉 接 抬 拔 捉 挑 挺 拍 摇 摆 打 挖 擦 扒 担
月	胡 臊 膀 胆 望	朋 脚 胖 脸 脏 胸 脑 腿 脱 服 青 骨 肚 肠 脖 肯

Meaning Clues 字表（续一）

Meaning Clues	本单元生字	以前学的生字
艹	蒲 英 苍 莢	葡 萄 萝 蓝 花 菜 草 落 藏
衣	装	袋
日		春 音
虫	蚊 蝇	蝌 蚪 蛙 蚂 蚁 蜻 蜓 蝴 蝶 蚯 蚓 蜜 蜂 蛇
口	咯 喵 哈 咬 呀 喊 啪	嘴 听 啦 咦 吃 呢 叶 吹 喝 啊 叫 喘 吗 吧 哪 唉 叼 嗓 唱 哇 告 啄 喔
灬	照	黑 燕 点 热 然
衤		裤 褂
舟		船
小		尖
门	闭	间 闪 问 闹
鸟		鸡 鸭 鸦
木	椅 机 檐 植 榴 棒 李 根	树 棵 桃 枝 梅 林 松 极 样 模
木	桌	朵 条 亲 采
讠	讲 识 读 课 诗	请 说 谢 话 谁 诉 让 谜 语 证 许 认 评 论
犭		猫 狗 猴 狐 狸
禾		和 种 秋 稻

Meaning Clues 字表（续二）

Meaning Clues	本单元生字	以前学的生字
冂	甩	同 用
阝	降	阿 那 都 阳 哪
彳	行 微	很 往 得
忄（心）	息 总 念 思	想 怎 急 您 意
刂	刺	到 剩 倒 刚 别
土	壁 塘	地 块 埋 墙
攵	教	放 收 故 救 散
氵	淘 洗 澡 汽 池 海 溜	沟 河 游 渴 法 满 浇 没 漂 洞 流 泥 汗 淌 洋 油 治 泪
冫	净 冰 准 决	减 凉 冷 次
宀	察 室 定	家 它 完 宝 字 害 要
女		要
𧾷		路 跑 蹦 跳 跟 跪
王		玩 现 球 理
卩	却	脚 印
走	趣	起 越 赶
日	旧 晒	时 晚 阳 最 早 晨 星 暖 明
忄		怪 慢 忙 快 怕 惭 愧 情
囗	困	圆 回 图 园 因 围
穴	穿 窗	空 窝 突 窄

Meaning Clues 字表（续三）

Meaning Clues	本单元生字	以前学的生字
米	粗	糟 粒
石	硬	碰
饣	饭	饿 馋 饱
勹		包
力		男 加 另 动
子		孩 孙
立		站 亲 音
弓		张
冖		亮 写 冠
马		骆 驼
车	转	轻 输
酉		醒
矢		矮 短
疒		病

总生字表

一、《小弟和小猫》（38）

聪 淘 洗 澡 装 照 闭 咯 姐 爪 舔

眯 喵 胡 翘 妙 哈 皱 眉 臊 干 净

床 穿 饭 戏 讲 <u>觉</u> 桌 椅 窗 电 灯 冰 箱 视 机 汽

二、《小壁虎借尾巴》（31）

壁 虎 借 正 角 蚊 咬 挣 断

逃 先 呀 池 塘 行 拨 甩 蝇

檐 掌 握 累 息 眨 傻 转 喊 趣 丢 旧 新

三、《植物妈妈有办法》（34）

植 物 海 翅 膀 靠 蒲 英 准 备 降 微 纷 发 苍 带 刺

榴 胆 豌 豆 更 荚 晒 啪 炸 离 仔 观 察 识 粗 却 <u>得</u>

四、《铁棒磨成针》（34）

铁 棒 磨 针 名 李 学 习 困 读 书

课 教 室 溜 根 发 奶 位 干 硬

定 总 决 始 伟 诗 念 首 疑 霜 望 思 乡

（合计137字，累计683字）

sofia Jiang 蒋歌兰

1 août 1968

荷乐村